情に生きる日本人

Tender Japan

中西　進

ウェッジ

はじめに

情とは何か

あまりにも漠然としすぎている情について、まず人情を中心として考えてみよう。

以前「人情ドラマのアーカイブス」という文章を書いたことがある。

御存じ、歌舞伎を見るとさまざまな劇の中で、会うことなどできるはずのない二人が恋愛していたり、明らかに歴史上の人物として起こるはずもない出来事が登場したりする。たとえば「義経千本桜」で狐がじつは佐藤忠信だということもある。

なぜこんな事になるのか。見る方も何の疑いもせずよろこんで帰るのはなぜか。

その理由を、わたしは作者が時代や現実味を二の次にして大事にしているものがあるからだと考える。それが人情なのではないか。人情の一点にしぼって、作者はぼう大な過去の歴史的出来事から適切な材料を拾い集めてドラマを作るのに違いない。

歌舞伎には、そんな大きなアーカイブス(収蔵庫)があると思った。いや現に見ている一つのドラマそのものが「人情ドラマの壮大なアーカイブスだ」と考えたのである。

日本人にとって人情とは、人と人とをつなぐ蝶番《ちょうつがい》のようなものらしい。

なるほど思い出してみると、落語には人情噺《ばなし》ということばがあるほど庶民の人情がふんだんに織りこまれているし、それにほろりとさせられているのかもしれないと、わが身をかえりみる。

狂言も愚かさを笑いながら、憎めない人間の人情をいとおしんでいるのだろう。

江戸時代も終りごろに、為永春水という作家を代表として人情本とよばれるジャンルが発達した。たとえば春水の代表作と思われる『春色梅児誉美《しゅんしょくうめごよみ》』にしても、この小説は辰巳芸者の米八の意気《いき》と情を描いたものである。この意気と情を「狂言ふうにまた落語の人情噺ふうに語り出したのが、この小説である」と、かつて述べた。

さてこうしてみるとわれわれの周辺には人情なるものが氾濫していて、とりわけ芸能や芸術の主旋律をなすことがわかる。いや人間本然の姿が人情に生きることかもしれない。

この重要な「人情」とは何か。『広辞苑』では「自然に備わる人間の愛情」だと定義する。至難のわざをみごとにクリアした定義だとわたしは思うが、いかがであろう。

人情とは、このように人間がもって生まれた愛の心なのであって、大和ことばでいうと

「なさけ」だとも、この辞書は告げる。

ところが、これほど大事な情だのに、一方でたいそう厄介なものでもあるらしい。有名な冒頭だが、近代の文豪をもって知られる夏目漱石は瞑想的な人生論を展開した『草枕』の冒頭で、

智に働けば角が立つ。情に棹《さお》させば流される。意地を通せば窮屈だ。

と喝破した。漱石も人間の心の働きとして知(智)情意の三つをあげながら、おそらくこの三つの中でももっともむずかしい持ち物が情だと考えていたにちがいない。とにかく流されてしまうのだから。

しかしそこに大きな問題がある。流されるのなら捨ててしまえばよいではないか。あるいは、流されてはいけないのか。

このテーマは漱石にとって重大問題だった。漱石の骨格とするものはもっとも良心的で誠実なヨーロッパふうの知性だった。処女作の『坊ちゃん』からして試みはそれに根ざしている。『三四郎』にしても、日本の田舎から都会のただ中にやって来た青年の、近代との心の戦いが筋にあり、『こころ』は極限の自死を焦点とした倫理をめぐるものであった。

そして漱石のこれら近代の課題は、それこそ自然《じねん》のもの、まさに人情を反措定とするゆえにおこった。晩年の作が東洋への回帰と見られるのもその結果だし、他ならない『草枕』は、

ごく初期における あからさまな感情と理知との相克の告白だったと思われる。漱石が教養として培った価値観の中で、さっさと「なさけ」など放棄すればよいのに、放棄できなかったところにこそ、漱石文学が生まれたのであろう。

漱石と並び称される森鷗外と、この二人がともどもに大きな衝撃をうけた事件に、乃木希典陸軍大将の、明治天皇への殉死があった。いうまでもなく、殉死という「なさけ」が近代とどうかかわるかが、大問題だったのである。すでに文壇の中にいた鷗外が以後いわゆる歴史小説、史伝物に傾斜していき、新しく文筆家として出発した漱石が上記のような小説を書くことになる。

折しも近代化へ向かう日本にとっては人情は重大な課題でありながら、その重さは近代以前の文芸的課題がもっとも大きく個人的《パーソナル》な人情をめぐって蓄積されてきたという、いささか皮肉な逆説もあったのである。

日本人と情

漱石がこのように苦しんだ理由を考えると、事は日本の伝統あるいは広く日本的なるものがいかに深く情とかかわってきたかに移る。

そのとおり、日本人はとくに感情を重んじるといってもいい。

じつは情はすでに漱石の文章が示すように知と意と並ぶ三つの人間の能力と考えられる。それぞれを換言すれば感じること、知ること、欲することの力である。もとより本能的といってよいほどに自然に人間が備えた性情でもある。

そこで漱石も三者を並立的に考えることとなったのだが、さらに細かく考えるとこれらは時と所によって必ずしも並立はせず、それぞれが強く心情に湛えられたり、より高く社会的に価値づけられたりしてきた様子がわかる。

漱石が近代化の中で悩んだというのは、近代ヨーロッパで知がより重んじられていたからだろう。

しかしヨーロッパ――といっても全域が千年をこえる全時代の全貌を示しているわけではないがケルトの時代までさかのぼると、けして知一辺倒などではない。つまり三者の関係が空間や時間をこえて一定だったわけではない。

そのことを前提としつつ言えば、日本では古代と考えられる十二世紀までは情がより重んじられ、それ以後中世と言うべき十九世紀までには知が異常なまでに高められた。

そして十九世紀以降の現代にあっては、意を必要と説く言説が多くなり、今後の日本の課題は、国民がいかに意を尊重していくかにあることがはっきりしてくる。

その様子は重層的に下から情、知、意とつみ重ねられる形になる。この重層化の仕方は心理学的な心の働きの分析結果と一致するらしい。人間、基本的にはまず情を養い、ついで知が発達し、後に意志的な行動がとれるのだからよく納得できる。日本人はまことに有効的な歴史を築いてきたといっていいだろう。

この日本の歴史の経緯の鍵を握っているものがキリスト教らしいことに気づいた時、わたしは驚いた。十六世紀日本はキリスト教を排斥した。しかしキリスト教の潜在的な力、変形した力が中国経由で日本に入り、数かずの学術を進展させたのである。そして現代、意の尊重にキリスト教は公然と力の源の姿を見せる。情との葛藤は続くだろう。

これらは世界の中における日本が見せる姿だが、一方アジアにおける日本の姿はどのような具合なのだろう。

アジアの文化は、大きくはインドに起こり中国を経由して日本に達し、終りを遂げる。その間のそれぞれの文化の特色をわたしはインドの想像力、中国の論理力、日本の感傷力とよんできた。もとより前者を後者は承け、取捨して力を溜めたものである。

するとやはり日本の文化力は大きく情に傾いていることが、ここでも裏づけられたように思う。日本人は十二分に情の人種なのである。

したがって現代、世界に対する日本のスタンスもこの上でとらざるをえない。知だの意だのといってみても、むしろそれは近代ヨーロッパや中近東諸国にこそ似合うもので、そこに借り物である知や意をもち出してもどれほど有効だろうか。いまふれているユーラシア大陸において島国の文化をもつことができるのはイギリスと日本しかない。イギリスはヨーロッパ圏に深々と浸っているのだから、あえていえば日本しかない。この温暖多雨の風土に育くまれた日本の力によって、世界文化と日本文化は補完関係が可能だと考えられる。

冒頭に歌舞伎についてふれたが、先年テレビで「『忠臣蔵』を世界にもち出す時、どうすればよいか」と問われたことがあった。その時わたしは「『忠臣蔵』の人気はこれが人情をちりばめた点にあります。この『情』をもち出すべきです」と答えた。

こんなグローバルスタンダードの時代に人情などと嘲笑をうけるとすれば、それは浅はかだろう。ヨーロッパに起こった近代文明一色に染られた世界に、日本はそのアンチテーゼを打ち出すべきである。ヨーロッパふうにいいかえれば、正に対する反の立場によって、二つのテーゼを止揚する途を日本が提出することになる。

その点からも、本書に見られる様ざまな日本人の情感を自国の物と認識し、これをグローバルに生きる現代の日本人として世界に提言してほしい。いつまでもヨーロッパ文明の亜流《エピゴーネン》でいるべきでない。統合的な地球文明の創造者《クリエーター》として生きるのが、これからの日本人の生き方だと、私は考える。

情に生きる日本人　目次

第三章

思想

第四章 藝術

第一章

自然

雨の中を行き交う旅人を描いた歌川広重画「東海道五十三次之内　庄野」
（三重県立博物館蔵）

一　温暖多雨の中に生きる

温暖多雨の気候風土

日本列島は「アリソフの気候区分」によると、ふたつの気候帯によってほぼ真ふたつに分断され、南北が温帯と寒帯に入る。能登半島の付根から南は温帯でスペイン、イタリア並み、以北は寒帯でイギリス、ドイツ並みである。

おもしろいことに、両帯にまたがっている点では日本はフランスとひとしい。

なにしろわたしは、根源的に芸術は風土に基づくと、頑《かたく》なに信じているものだから（中西『亀が鳴く国』）、日本とフランスは共通した芸術の根をもつことになる。日本人の「おフランス」好みの根っこの一端は、そこにあるのかもしれない。

あれほどドイツ人が語尾をしっかり発音し、抽象的に観念をきちんと論理化するのも、寒いからだと、つい言いつのることになる。

しかし日本はそうした要素も半分もっているのだからありがたいではないか。わたしが何年も「日本文化の南北構造」という様式を述べられるのも(中西『日本の文化構造』)、この支えがあってのことだ。

日本人は南の海上に沖縄までも広がっている国土の、温かくて穏やかな国民性を身につけてきたが、一方に常に北域の厳しさを交《まじ》えもつことができた。心豊かな中庸性をもつ日本人の根幹にこの気候がある。

ところで気候は緯度や気温の高低によってだけ支配されているわけではない。四季による気候の変化が加わり、雨や風の具合が気候を決定する。海流も場所をかえて寒流となり暖流となり、ぶつかり合うこともある。

地球が生きているからである。

その地球の生命の営みの末端として、わたしたち生き物が直接接する物が、雨や風であろう。それによって四季も変る。

モンスーンという、生活者にもかなり親しいことばは、本来、アラビア語で季節のことらしい。にもかかわらずわたしたちは、これを季節風と訳して使う。

季節の巡りゆくさまは、季節の便りかもしれないのである。地球上には四季の気温の差が二度だ三度だというところもある。そこは風向きがほとんど変らないところなのだろう。ところが日本は風の変化が季節の到来をつげてくれるし、雨季も乾季もやってくる。天候の大地への影響は、とくに雨にあるのではないか。大砂漠地帯を見ると、そう思う。

以前、ノルウェーのベルゲンに旅行したことがあった。滞在の数日も小雨が降りつづいたが、ここは一年の三分の二は雨だときいた。

人をほとんど見かけない漁港も静謐《せいひつ》そのものだったが、求めた一枚の油画も、溶暗の深い色合いに包まれていた。

ベルゲンは首都のオスロやロシアのサンクト・ペテルブルクとほとんど同じ緯度だが、さらに南のロンドンも雨の町として知られている。

このような多雨の地が多雨を風土とする芸術を生まないはずはない。ベルゲンが生んだ音楽家グリークの曲も、そのひとつだろう。

そして、わが日本も、多雨の国である。

夏の梅雨《つゆ》と秋の長雨(俳句の季語では秋雨による増水を秋出水という)しか雨が降らないのかと思うが、本当の乾季は旧暦の六月(水無月《みなづき》)しかない。古典にも「水無月の土さへ裂けて照る日」(『万葉集』巻十)という和歌まである。

多雨もまた、日本の気候条件のひとつだといってよいだろう。

じつはそのことを端的に示すことばがある。わたしは長い間、ムスをめぐる「苔《こけ》の生《む》すまで」という有難い歌詞と「茶碗蒸《む》し」というおいしい食物と「息子《むすこ》／娘《むすめ》」というりっぱな人間さまとの関係が、ふしぎでならなかった。コントのような、漫談のような——。

そこで最近は、自分なりに次のように納得している。

そもそも「むす」ということばの「ム」を発音するためには、いっぺん口を閉じないといけない(口を開けたままでムと言おうとしてみて下さい)。だから「ン・ム」となる。

これが「産《う》む」である。自然に誕生するときは「産む」に「れる」をつけて「生《う》ま・れる」という。一方誕生させることは、「す」(文法では使役《しえき》という)をつけて「産《む》す」と動詞にした。

この誕生させる方が「茶碗で素材を蒸す」だが、苔にしても息子・娘にしても自然に生まれるのではない。一定の条件があって、その働きの結果出来上がるのであって、放っておいて出来るのではない。

「苔が生す」のには、水が絶対に必要である。水分によって誕生させられると考えたのだろう。霊長類も放りっぱなしで出現するわけがなく熱帯雨林で進化を遂げた。

こうして、生産、誕生を「むす」とよぶほどに、生命の誕生が熱と水によって行われると考えた日本人の思考のみごとさ。そしてこれこそ、温暖多雨の物理学に他ならない。

さらにこの「むす」が「むすび」(結び)、「産霊《むすひ》の神」にまで発展するのだから、蒸すことと生産の関係は日本人にとってもっとも基本的な原理だったのである。

日本はこうして温暖と多雨に恵まれて何万年もの歴史をつづってきた。

日本人の心情がいかに温かく潤い豊かなものであるかは、十分に理解できるではないか。

情緒にみちた雨の風情

このように雨に包まれた日本人は、それでは何とか雨を逃れようとしたかといえば、逆に雨を心に迎え入れて、雨までも心模様にしてしまった。

たとえば「地雨《じあめ》」という。これだけだと大地にしか降らない雨かと不審《ふしん》がるが、これは降りつづく雨のことだ。

降ることが地《じ》になった雨をいうのである。

日本では恒常さを何にせよ地とよぶ。そのことを忘れてしまった日本人には難解だが、「気取らないで地でいく」とか「地が出てしまった」とかということばは、まだまだ使われているだろう。

だから「この雨は本性をあらわして降りつづける」と雨を見破ったのが「地雨」である。

反対の「俄雨《にわか》」はよく使われるから、一方の雨を「地」とよんでもふしぎではない。しかしそれほどに雨を人格化してしまったことの徹底ぶりは見逃せない。

この俄雨にしても、「そぞろ雨」とよぶことがある。「気もそぞろだ」という「そぞろ」だから、これまた雨に心があって、熟慮もせず、気まぐれに雨が降る、というわけである。雨が降って、人間の気もそぞろになるというのではない。

しかし「そぞろな雨の奴め」と怒っているのは人間の気持ちなのだから、それは人間の「そぞろ心」ではある。この雨と人間との不即不離の関係こそ、日本の雨ことばなのだ。

これらも雨の降り方への細かい観察を示しているが、やがては、さらに情緒をこめて雨をよぶようになる。

たとえば「袖笠雨《そでかさ》」などという。袖をさっとかかげて傘代りにする雨である。

現代人のように筒袖の労働着を着ていると「無い袖は振れない」とばかりに袖は傘の代りにはならないが、優雅な広袖をもっていた昔の人は、袖が結構、傘の役目もしたのだろう。

しかしこの場合も、有効性ばかりをいうのではない。傘代りにかかげた女の袖は艶めいているし、男が袖笠をして、いなせに跳んでくると、言いがたいエロスの匂いがある。それが「袖笠雨」の本命である。

また「こぬか雨」ということばは、いまも広く生きているだろう。

現代の日本人はほとんどの人が家庭で糠漬《ぬかづ》けなどしない。ピクルスにしか見えない漬物の胡瓜が、あの糠の中から誕生したと知ると、食べたがらなくなるのではないかと心配するが、細かい糠のように降ると表現される、ちょっとした雨に会うことは、日本でそう珍しいことではない。

実物の糠を離れても、発音で何となく同意している春雨は、やはり日本人にとってなつかしいのである。

もうひとつ、日本人は雨からもさまざまに連想の翼を伸ばすのが好きだ。

今でも生きている雨のひとつが「遣《や》らずの雨」。恋人が女の許《もと》をおとずれて帰ろうとすると、降ってくる雨である。女はさぁ「遣らずの雨だ」といって喜ぶ。ケータイ傘もあるだろう、タクシーだって呼べるだろう、のに。

日本人はまだ辛《かろ》うじて、心がけと天が通じていると考えるから、雨になると「誰か心がけの悪い奴がいる」と冗談を言う。だから女の気持ちも天に通じるかもしれない。そう思う雨こそが日本の雨である。

ましてや日照り雨のことを「狐《きつね》の嫁入り」だというに到っては、人間の我儘《わがまま》もいいところだ。狐は迷惑千万だろう。

そこで徹底して人間をだましてやろうと思うかもしれない。

しかしだまされるといっそうおもしろいと思うのが人間だから、人間と狐のダマし合いというところだろうか。

こんな連想までふくんで、日本人はさまざまに雨と戯れてきた。たっぷりと心模様にそまった日本の雨。

ちなみに同じ多雨の国でも傘をステッキ代りにしたのはイギリス人。反対に団扇《うちわ》を扇子にした故知を活かして、スプリング式折りたたみの傘を発明したのは日本人である。

雨に思う日本人

さて、このように温暖で雨も多い風土に住む日本人は、当然雨を友として生活し、雨を眺め、心まで雨に濡らしたはずである。

それなりの日本人の心も生き方も生まれてくるだろう。

以上述べたこともふくめてわたしはすでにごくささいに雨についてふれたことがある(中西『日本人の忘れもの　2』、『これから　日本人が歩いていく道』)が、そこでも「さみだれ」をとり上げ、この旧暦五月の雨が人間の心をかき乱すものと見られていたことにもふれた。春雨や時雨《しぐれ》に左右される日本人の情調も述べた。

その上でいうのだが、こうした日本の雨は、日本人をして物を考えさせたのだろうか、感じさせたのだろうか、思わせたのだろうか。

そう問うてみると、どうも考えたとは、考えにくい。たとえばロダンの「考える人」を思い浮かべてみると、宇宙究極の真実まで明らめてしまうような、膝《ひざ》に肘《ひじ》をあてた逞しい肉体像は、雨の中の日本人像としては想像しがたい。

『源氏物語』の雨のシーンでは青年たちの「雨夜の品定め」が典型だが、あのロダン像は到底光源氏と重ならない。

むしろ、ロダンと同じフランス人でも哲学者のバシュラール(一八八四〜一九六二)が『水と夢』(一九四二)や『空と夢』(一九四三)で見せてくれたような哲学が連想されてくる。

バシュラールの仕事を日本語でいうと「考える」というより「思う」という方が適切だろう。しかも「雨に思う」というと、いっそう彼の分析が生きいきと伝わってくる。

たとえばの話だが、ロダンにもバシュラールにもパリの雨は降っていただろうが、ロダンは力をもって雨を脱しようとしたといえるし、バシュラールは内向する感性を集めて、雨の背後の構造に迫ろうとしたという区別ができる。

日本でも雨を考えた先達のひとりに夏目漱石がいる。彼は『草枕』の中で雨の中の人間が雨にうたれる苦しさを脱した時、人間は自然の景物と美しき調和を保つと考えた。彼もやはり雨に思う日本人のひとりだったと思う。

それでこそ、人情を正視し、一方で過剰な抒情主義《リリシズム》を脱して、豊潤な情調を描き出した大作家だったといえるだろう。

二　清き渚《なぎさ》に寄せる想い

なぜ銭湯に渚の風景があるのか

昭和のころ、町にはずいぶん風呂屋があった。その名もなつかしい銭湯。浴槽の正面には広々とした海岸のタイル絵やペンキ絵があった。長くつづく波打ち際、それに沿って松林があり、林ごしに遠く富士山が見えた。

一方海の沖には白帆の船が一隻。上空にはツルとおぼしき鳥の群れが飛んでいる――。父親につれられていった、子どものころの記憶がなつかしい。

しかもあの絵は大同小異、どこの風呂屋にもあった。だからこれがないと、妙におちつかない気もした。それほど当り前だと思ってきたのだが、さて考えてみると、なぜこう決まってしまっているのだろう。

その問いには、近ごろ、次のように答えるのがよいと思うようになった。海と反対の山には「あしひき」とよばれる地帯があり、山の傾斜が足を曳《ひ》いて大地と接する辺りが、山と大地との境い目として、古来日本人には大切にされてきた。これより奥が神聖な山である、その結界線が「あしひき」なのである。

「あしひきの」という山の美称が生まれ、山口神社が建てられるのも、その地点である。だから一方の海と大地との境い目も、日本人にとって大切だったはずだ。つまり波打ち際——渚も山口も、神聖な異界との境い目だったらしい。

そこで神話では、地下の冥界でついた穢《けが》れをイザナキの神が、九州の渚で潔めることになる(『古事記』上巻など)。

聖武天皇に愛された女王は、難波の海で悪い噂を流し落としますと歌う(『万葉集』巻四)。祝詞《のりと》でも汚れ物はすべて川に流すと大海の神が呑みこんでくれるという。

また、人間の生と死の接点が渚だった。だから神話では海神の娘と地上の王子との子ウガヤフキアエズが渚に生み落とされる。そして母となった娘はワニとなって海神の許へ帰っていく(『古事記』上巻)。

それでいて、このようなことが古代にだけ信じられたわけではない。後のちまで、日本の多くの土地で、海岸には産屋《うぶや》が建てられた。妊婦はそこにこもって子を産む。

神話は、人間の生の出発に深く生きつづけたのであって、出産の穢れのために生活の場から離れるのだなどと、軽率に考えてはいけない。

さらに、古代の英雄ヤマトタケルは水浴の後に、りっぱな鉄の刀をもつ勇者となって、出雲タケルを倒す（『古事記』中巻）。水浴とは、そのように再生するための行為だった。まさに体を「あらう」というように、新《あら》たにするのが水浴である。

なんと、銭湯で体を洗うことは、体を新しくし、古い肉体からの再生を期待することであった。それと同じく、渚で水に身を沈めることが必要だったのである。

九州の宗像《むなかた》大社の沖津宮は海上はるかな孤島にある。そこへ上陸する時には実際に全身を海にひたすことが要求される。そのような神事と呼応するように、日本人は日々生活をしていることになる。

いや、「日本人は」といってはいけない。近ごろわたしはよくイタリアの詩人、ウンガレッティの次の詩「宇宙」を引くことがある。直訳すると以下の如くである。

海とともに
ぼくは
ま新しい

棺《ひつぎ》になった

「ま新しい棺」とは、海があたえてくれた、もうひとつの新しい生のことである。今まで述べてきたことと同じ生命の更新を、この詩人もうたうのである。

イタリアでも鋭い芸術家の心には、同じように古代が生きている。それは有名なレオナルド・ダ・ヴィンチの「モナ・リザ」の絵ともひとしいだろう。あの貴婦人の周りにある岩石は、イタリアの大地がまだ海底にあった頃を、ダ・ヴィンチが想像したものだと、イギリスのウォールター・ペーター（一八三九〜一八九四）はいう。

物質文明は人間の生活から古代を抹消してしまいがちだが、にもかかわらず古代は、洋の東西を問わず豊潤な情念として、心に生きつづけているのである。

渚における妣《はは》恋い

そこで、このように古代を持ちこしている日本の渚そのものを話題にしなければいけない。

イタリアも古くは多くの集団が移住してきたところであることは、とくに近くのコルシカ島で顕著なとおりだが、日本にはとりわけ、縄文時代以来の多数の、海彼《かいひ》からの渡来者があって、その絶え間なく移住する新しい力によって国造りがなされた。

また神話をもち出してしまうが、大《おお》ナムチという国土神と、少《すく》ナヒコナという外来神との合力によって日本が造られたと語るのは、何よりのその証拠だろう。

日本の海べには到るところに、洞窟の中の縄文遺跡がある。

その一例が八丈島の遺跡だろう。八丈島と伊豆諸島との間は強力な黒潮の流れによって遮断されていて、日本の本州との間の交通は容易ではないという。

そこでここの縄文遺跡は、南方からの移住者のものだと思わざるをえない。

八丈島よりさらに北上しても、北海道東部には常呂《ところ》町ほかの遺跡から五〇〇〇戸をこえる縄文時代以来の住居跡が発見されている。

原日本を形作ったものが、これら海辺にやってきた文化や文明だったろうことは、間違いない。往々にして弥生文化を重視するあまり、縄文が陰に隠れてしまいがちだが、それは正しくない。

そして海辺にやってくるものは、人間ばかりではない。絶えず漂着する物こそ、住民にとっての宝であった。海上を光り輝きながら流れる仏があり、拾い上げて祀るという話も古くからある(『日本書紀』巻第十九　欽明天皇十四年)。

近くは東京・浅草の観音さまも同じ伝承をもつから珍しい話ではないのだが、これも形が仏に似た流木の場合もあれば、流木をもって仏を刻み、仏さながらの利益を得たという場合もある。

漂着する材木で家屋を作ることも、ごくふつうのことだったらしい。渚の漂流物としてひとつの話題がある。柳田国男が伊良湖岬で椰子《やし》の実を拾い、そのモチーフを島崎藤村が詩にしたという有名な話がある。が一方で、平安時代にできた日本最初の漢和字典『倭名類聚鈔』(巻十九)には「海髑子《かいとくし》」という貝を貝の項目の中にあげている。この貝は「この物、神霊を含み、見る人即ち海中に没《なげい》る。髑髏《どくろ》に似て鼻目あり。故に以つて名づく」と説明がある。

動物の頭蓋骨の形をして鼻梁の穴をもち、眼窩がある。そして妖しい魂をもつと信じられたために、遠ざけられた貝である。

そしてこれを日本語で「夜子《やし》」というとある。漢字の夜は宛て字である。子は実のこと。じつは例のヤシ——椰子と書かれるココヤシなどの実、柳田や藤村が見た「ヤシ」とは、古く右のように不吉なものだったことになる。

細工されたココヤシは正倉院にも所蔵されているから、少くともこの宝物も、神霊をもつ頭蓋骨まがいの物として、むしろ神聖視され所蔵されたはずである。

流木は片や仏として崇められ、果実は凶物《まがもの》として神聖視された。この間は五十歩百歩ではないか。実際に難破船からの財宝が海辺の民に富をもたらすこともあったろうが、多くは海彼のふしぎさと怪異さによって十分に幻想をかきたて、畏怖の念をあたえたのが、日本の渚だったであろう。

日本は渡り鳥の国でもある。彼らは到着すると無数の枝を海浜におとしていく。海上にしばし羽を休めるための物だったらしい。

こうした枝を拾う人びとは、遠く見知らぬ海彼の国を想像したにちがいない。

そしてその人びと自身が、海を渡ってきたというルーツをもつとすると、海の果ては、彼らの妣(亡き母)の国であった。

彼らは海上に「根の国」も信じた。古代人は、そここそが本来の常住の国土であり、人間はこの地にあってはたまゆらの生に身を委ねているにすぎないと考えたのである。

渚とは、こうした妣恋いの情を、海の彼方に馳せる場所でもあった。

清らかな渚を作り上げる濾過《ろか》力

時間を遡《さかのぼ》り、空間を超えて妣恋いの情を馳せる渚は、もとより清浄な土地でなければならない。

銭湯にもどると、たしかにあの風景は清き渚のさまであった。ではいったい、渚とはどのような浄土であるのか。

まずは富士山がある。富士は日本一の山だけれども、蓬莱の仙山に擬せられる山でもあった。

中国には東海に仙境があるという伝説があり、日本がそれに見立てられたから、徐福《じょふく》という男も不老不死の薬を求めて日本に来たのだし、後にヨーロッパで「黄金の国ジパング」といわれたのもその故である。

その中で富士は扶桑《ふそう》ともいわれ、仙境の山とされた。中国で扶桑は、この木を伝って太陽がのぼるといわれた。

そして絵は松林を描く。松が松竹梅と組合せられるのはよく知られているが、この組合せは三つの快い感覚を代表する物で、松は風に鳴る音(松籟《しょうらい》といわれる)、竹は直立の姿、そして梅は芳香がとり上げられた。それぞれ聴覚、視覚、嗅覚に訴える最上のものだ。

また上空を飛ぶ鳥はツルがふさわしい。東洋では「松に鶴」といわれてきた。正月の画幅にその絵が多いのも松と鶴が瑞祥《ずいしょう》のものと考えられた結果である。

俳聖松尾芭蕉は名著『奥の細道』に同行の曽良《そら》の句、

松島や鶴に身をかれほととぎす

を記している。いま聞く鳥はホトトギスだが、松にはツルがふさわしいから、ツルの体を借りよとホトトギスにいうのである。松と鶴の関係がよく知られるだろう。

さらに白帆が点景を作るのも快い。日本文学の伝統の中に、白い物を発見してその正体を明かすという知的遊戯の伝統がある。雪がじつは白い衣だというのが『万葉集』(巻十四ほか)、白い花が梅らしいのが『古今集』(巻十九)、じつは夕顔の花だというのが『源氏物語』(夕顔)である。沖の白帆も目にしみる純白がふしぎな魅力となるであろう。

こうしてみると銭湯の絵の内奥は深い。全力をあげて日本の渚の光景を再現しようとするものだし、その総体としての図柄は、いかにも日本的であり、清浄な気品にみちている。

はたしてこれらすべてを、たとえば山中に移動できるだろうか。不可能である。白帆はもちろん、ツルの飛ぶ広い大空も期待できない。

やはり渚でなければ存在しない。なかんずく、風景の清らかさは渚においてこそ極まる。

ではなぜ渚は清らかなのか。

水の清浄さはいうまでもないが、古来、天然の渚の清らかさが、渚そのもののもつ浄化力によって独自に保たれてきた点が大きい。

とにかく日本の海岸線は中国の二倍、アメリカの一・五倍だといわれる。この海洋国なら渚について先輩たちに多くの著述があるのは当然だが、海岸の問題の中心に、渚のもつ濾過の力があることを、わたしはつくづくと感じている。

たとえば砂浜の砂は千古の波がまるでザルで濾《こ》しつづけてきたように均質な砂粒を敷きつめ、色までも等一して白浜とか赤浦とかとよばれるに到っている。この天然の整然とした濾過は、見すごし難い。

また干潟の小動物の浄化作用も大きい。貝などの浄化作用はよく言われるが、わたし自身、子どものころハゼ釣りの餌にしたゴカイもその立役者であるらしい（加藤真『日本の渚』）。

これらの浄化力を思うと、天然の恩恵に浴した日本人が、渚という、いわば民族の心の風景を信じ、その中に豊かな情感を湛えながら生きてきたすばらしさを、感じないわけにはいかない。

濾過力を尊ぶあり方も、日本人にとって大切な心のひとつだったのである。

三　飛《ひ》花《か》落《らく》葉《よう》を倫理とする

鬼界ヶ島を背景とした飛花落葉

「飛花落葉」とは、風に散り乱れる花や、秋の深まりとともに落ちつづける木の葉のことである。

これらを古来日本人は、無常を象徴するものとして尊重してきた。

前者はすぐにサクラを思い出させるだろう。落花は、もう春の風物詩にまでなっているほどの、日本の風景である。

後者も同じで、紅葉散り敷く晩秋は日本中にひろがる。日本は古く氷河に蔽われることが少なかったのでカエデの仲間が二十六種類あるのに、氷河にとじこめられることが多かった地域、ヨーロッパや北アメリカでは十三種なのだと聞いた。これらは紅葉する。日本に燃えるような落葉がことにみごとなのも、そのゆえらしい。

ところで、わたしが「飛花落葉」ということばを実感したのは、アメリカでだった。ニューヨーク近くで秋を迎えた時、住宅街の高だかとそびえた街路樹をすさまじい寒風が靡《なび》き伏せて吹きわたると、木々は地鳴りにも似た轟音をひびかせ、身もだえするように梢の黄葉をふり落した。幾度も幾度も。

それはうずたかい落葉となって路上を埋めた。その様子は、中国の北京で迎えた初冬ともひとしかった。皮肉なことに、日本の伝統とする飛花落葉を、わたしは外国で経験してしまったのである。

しかし日本では正反対の、たとえば紫の小さな花をこぼしつづける秋のハギも飛花だし、落ちて天下の秋を知る桐の一葉も、落葉である。

一体、古来日本人がとり上げてきた飛花落葉として、どちらの風景を想像すればよいのだろう。いかにも日本的な後者は当然日本的風景なのだから、飛花落葉を後者のように想像すればよいのだろうか。

辞書などがあげる用例によると、十二世紀の『康頼宝物集《やすよりほうぶつ》』(上)の「心アル人ノ花ノチリ木ノ葉ノ落ルヲ見テモ、飛花落葉ヲ観ジテ生死無常ヲバ覚《さと》リ侍リケレ」(自然の情趣を理解する人は、飛花落葉を見て、無常の道理を知った)がもっとも古い。この世が無常迅速である比喩として飛花落葉を最初に見つけたのは、『宝物集』の著者だったのだろうか。

著者の平康頼(生没年不詳)はいわずと知れた、鹿ヶ谷《しし》で平家討滅をくわだて、鬼界ヶ島に流された例の三人のひとりである。俊寛《しゅんかん》だけに赦免状が届かず残されたとされる事件は、世上承知のとおりだ。

赦された康頼は治承二年(一一七八)帰京、そのころに『宝物集』が書かれたとされる。配流は前年六月、翌年七月帰京だから在島は一年余りでしかないが、名もおそろしき鬼界ヶ島である。その荒涼たる様子は物語に芝居に語られ尽くされている。

島の体験も醒めやらぬさ中、康頼は飛花落葉を見て無常を覚る道理を書き記したのだった。涯《はて》しらぬ大洋を漂って、たまたま経文が流れついたばかりに許されたわが身。不毛の地にひとり俊寛を残して帰ってきたわが身。その体験を、この覚りから切り離すことができないだろう。

飛花落葉の無常観は、稀に見る苛酷な経験、激越な生死の戦いの中から発信された。飛花のイメージは、紫の小花の落花をいとおしんだ古代の詩人とは、はなはだ遠いものだったし、大坂落城を前に閑寂な気配の中に落ちた一葉の桐の葉とも、まったく別物だったのである。

むしろ上述に戻るとこのイメージは、大陸ふうな荒あらしい風声の中で散っていく飛花落葉に近いと考えなければならない。

優雅でも閑寂でもない、鬼界ヶ島のわが身を重ねあわせた運命の暗喩が、このことばの正体であった。

そしてなお、康頼は赦免後、都の社交界に顔を出すが、また行方知れずとなり、生没すら不明の生涯をとじる。

落花を飛花にかえた日本人の心

それにしても飛花や落葉は本来中国のことばだ。では康頼以前から、中国においても無常観をもっていた飛花落葉を、鬼界ヶ島体験がより強固なものにしたのか。

まず落葉は、中国では閑寂の趣や悲しみを象徴する物として詩などに歌われた。ここでは『唐詩選』に収められた詩をあげてみよう。まず落葉は、王維《おうい》の「乗如禅師《じょうじょぜんし》蕭居士《しょうこじ》の嵩丘《すうきゅう》の蘭若《らんにゃ》を過《よぎ》る」に、

食には鳴磬《めいけい》に随つて巣烏《そうう》下り
行きて空林を踏めば落葉声す

（『唐詩選』巻五）

「食事時を報らせる磬の音にしたがって巣にいるカラスも飛んで来る。歩みを空林の中に進めると落葉の音が聞こえる」といったぐあいで、すでに地上に落ちている枯れ葉が音を立てることを歌っている。落葉は、いかにも瞑想の詩人、王維にふさわしい。

また、賈至《かし》の「初めて巴陵《はりょう》に至って李十二白と同じく洞庭《どうてい》湖に泛《うか》ぶ」に、

楓岸紛々《ふうがんふんぷん》として落葉多く
洞庭の秋水晩来《く》れて波立つ
（同巻七）

「楓の並ぶ湖岸には無数の落葉が乱れ飛び、洞庭湖の秋の水面は、暮れ方になって波立ってきた」のごとくである。

ところが落花は、中国ではむしろ風景を華やかにするものとして歌われる。蘇頲《そてい》の「春日望春宮に幸《みゆき》するに奉和す　応制《おうせい》」に、

細草は偏《ひとえ》に回輦《かいれん》の処を承《うけたまわ》り
飛花は故《ことさら》に舞觴《ぶしょう》の前に落つ
（同巻五）

「庭一面に細かく生い茂った草は、よろこんで鳳輦をお留めしており、散り飛ぶ花は汲み交す盃の前にわざと散る風情である」という。だから落葉と同じ内容を示すものとしては飛花より落花(華)というのがふつうだったであろう。張若虚《ちょうじゃくきょ》にも「春江花月の夜」のような名詩がある。

昨夜閒潭《かんたん》に落花を夢み
憐《あわれ》むべし春半ばにして家に還らず

（同巻二）

「昨夜は静かな淵の水面に花びらが落ちる夢をみた。すでに春も半ばだというのに、悲しいことに、家に帰ることもできない」。しかし落花落葉と並べるのではいかにも芸がない。落花をかえて飛花とした日本の成句も、むしろ当然のことであろう。

だが、日本人の飛花落葉は、単に平凡に落花落葉の表現をかえただけではなかった、とわたしは思う。

すでに幾度もふれたことだが、古代以来、「散りの乱《まが》い」とよぶべき不吉な現象を、日本人は春の落花について感じてきた。

民俗的にいえば三月十八日に花祭りを行う。人を殺《あや》める落花の邪気を払うためである。それによって柿本人麻呂も小野小町も和泉式部も、三月十八日を忌日とされた。

和歌でいえば「散りの乱い」は、

世間《よのなか》は数なきものか春花の散りの乱ひに死ぬべき思へば　大伴家持（『万葉集』巻十七）

「世間は数え上げるほどもなく、はかないものか。春の花の散りにまぎれて死ぬべきことを思うと」とあり、

この里に旅寝しぬべし桜花散りのまがひに家路忘れて　作者不明（『古今集』巻二）

「もうこの山里で旅寝をしてしまいそうだ。桜が散り乱れるので帰るのも忘れて」といったものがそれである。

ところがこの「散りの乱い」を古代人は春花にかぎらず、秋の落葉にもひとしく感じた。家持に先立つ歌人、柿本人麻呂も妻の死について、これを落葉の「散りの乱い」にとり込められたと感じたらしく、

秋山の黄葉《もみち》を茂《しげ》み迷《まと》ひぬる妹を求めむ山道知らずも

（『万葉集』巻二）

「秋山が一面の黄葉に蔽われているので道に迷ってしまった妻を探しにいく山道がわからない」と歌う。「黄葉が多いので」とは、やはり黄葉の落葉のあまりもの激しさに、命を奪われてしまったのだと、考えるのがよい。

こうした伝統があったからこそ、日本人は春の飛花と秋の落葉を同一とみなし、康頼も飛花落葉を生死無常の姿と観じたにちがいない。

それにしても、あの華麗な花片の乱舞の輝きを、凋落とみることができるのだろうか。すくなくとも凋落とみる時、花に死を意識していることは確かであろう。

すると華麗なる飛花が一挙にして死の象徴へと変化する。いや生と死との合体、さらには生が死そのものだという見方は、そう風変りなことにはならない。

死を含有してこそ本当の生の認識があるとは、『徒然草《つれづれぐさ》』（第一三七段）などに顕著な思想である。

康頼はそれに少し先立つ人間だが、彼もごく素直に日本人の奥底の心性に随う者だったろうし、飛花落葉を違和感なく受け入れてきた日本人は、すべてそうだったはずである。

飛花落葉に包まれる日本人の倫理

ところで飛花落葉は無常観にとどまらず、やがていっそう大きな風景として日本人の心に成熟する。

康頼よりさらに三世紀ほど後の連歌師・心敬《しんけい》(一四〇六〜一四七五)は、いわゆる「冷《ひ》え」を中心として平安朝の美学を深化させた、画期的な思想家だったが、彼の中にも飛花落葉が大きい位置を占める。

彼は飛花落葉を幽玄に集約される物のひとつと考えた。

心もち肝要にて候、常に飛花落葉を見ても草木の露をながめても、此世の夢まぼろしの心を思ひとり、ふるまひをやさしく、幽玄に心をとめよ　(『心敬僧都庭訓《そうずていきん》』)

「何事にも気持ちが大事です。いつも、飛花落葉、草木に宿る露を見るにつけこの世は夢幻だと悟り、行動をつつしみ、神妙な趣に注意しなさい」——幽玄とは古くは神秘的な趣をさしたが、ここでは奥深く神妙な境地と考えておこう。飛花落葉も自然の幽趣といったもののひとつと心敬は考えたのである。

それは、世を夢幻と思いとる心のやさしさから得られるものだと考えられる。康頼が無常観の促《うなが》しと考えた飛花落葉より、これは一段と内面化し、心の媒体としての自然ではなく、心そのものに化している。

すでに倫理の姿でもあった。

このことは、花道の立場から池坊専応（一四八二〜一五四三）も次のように述べる。

抑是《そもそもこれ》をもてあそぶ人、草木をみて心をのべ、春秋のあはれを思ひ、一旦の興をもよをすのみにあらず、飛花落葉の風の前に、かかるさとりの種を、うることもや侍らん

（『専応口伝』）

「そもそも花を活ける人は草木によって心を晴らし、春秋の趣を味わい、一時のおもしろさに終らせずに、飛花落葉の風の前で、さとりに到る種を見つけることもあるでしょうか」。

専応が花を活けることを道と心得る原点は、自然が「さとりの種」となる点であろう。

この段階で、飛花落葉は、すでに完全に自然現象から自立し、乱れ飛落する姿そのものにおいて、倫理的な意味を示すものとなった。

その点では康頼が飛花落葉から無常を覚ると考えたことと通底しながら、ここにはさらに

大きく普遍化した飛花落葉の理解がある。三百年をこえる歳月が飛花落葉を成熟させたことになる。

その間に、花や葉を乱舞させつづけて戦国乱世へとつき進んでいった時代の、轟然とした足音が聞こえる。

戦国乱世の相を深めながら、日本人を包んでいた風のしわざを、思わざるを得ない。飛花落葉とは、風が空中に描く模様に他ならないのだから。この、風の意味もまた、重いであろう。

わたしたちはサクラを瞬時にして散らしてしまう強風を春嵐とよぶ。とくに本来のサクラは山桜だから、彼らは山おろしと格闘を演じてみせる。その時サクラは水のない空に波となってあふれ、文字どおり飛び交《か》い、人間を錯乱させる「散りの乱い」を出現させる。巻き込まれて美女たちが三月十八日にきまって落命したことはすでに述べた。

一方秋。秋もまず風によって自らの到来を予告しながら日本列島を吹きわたっていく。次つぎと台風情報をもたらしながら、列島は各地の梢の葉を散らしつつ、冬へと包まれていく。

この風の営みを、日本人は飛ぶ花と落ちつづける葉に託して受容した。そしてそれは、普遍にして崇高な、天地自然自身の倫理として日本人の心に映ったらしい。

列島の春秋の風模様に、人間も抱かれて生きることが、日本人の千年にわたる生得の倫理だったのである。

四　親水住宅に生かす風土

翻波《ほんぱ》を重ねつづけて伸びる家屋群

十世紀から十二世紀のころ、平安京の貴族は寝殿造《しんでんづく》りとよばれる住宅に住んだとされる。寝殿という母屋《おもや》の東西から両手を伸ばすように建物が南へ伸び、下向きにしたコの字形をつくる。家屋の最後は庭の南に広がる池に重なっていて、釣殿《つりどの》がある。まず中心が「寝る建物」であり、「池で釣りを楽しむ建物」があるとは、なんと優雅なことか。

世界に類例があるのだろうか。周囲を建物で囲む形はキリスト教の修道院、クロイスターと似ている。しかしクロイスター(回廊)とは俗界から僧院を隔離するべく囲ったもののことだから、南が池で、ぽっかり開いている寝殿造りは囲う機能をまるでもっていない。

中国の四合院《しごういん》も下向きコの字形でしっかり三方が防御されているが、南が正面の入り口である。ところが寝殿造りは東ないしは西に正門がある。

そしてどの本を見ても(たとえば太田静六『寝殿造の研究』)、寝殿造りは日本独自のものだと書いてある。ないしは中国ふうが日本化したものだという。

では、どこがどう日本ふうなのか。

寝殿。これを格式高い殿堂とする向きもあるが、寝という漢字にはどう無理をしてもネムル意味しかない。

だから要するに公儀に対する私性《わたくし》、ハレに対するケ。日常生活の安息こそが、住宅の中心とされたと考えなければなるまい。

とにかく貴族には最低一町(約一二〇〇〇平方メートル)の敷地があたえられたというし、南庭では儀式も行われたようだが、儀式を本来の機能とすると考えるのはむずかしい。

釣殿とて同じだろう。もちろん実際に池の鯉を釣るわけではない。中国的教養にあふれた当時の貴族にとっては、天子の楽しみとされた遊魚を見る場所がここであった。ここには景行天皇以来の伝統もあると大津直子はいう。だからこれは、浩然の気を養う建物でなければならない。

その上、正面の寝殿から伸びる左右の対《たい》や南下する建物は、壁のない透渡殿《すきわたどの》でつながれる。

風雨を入るにまかせた渡り廊下によって、東の母屋群や西の釣殿を串ざしにした構造は、所どころに波頭をあげる波の連続のように見える。

いまこのイメージを現在の建物から思い浮かべようとすると、宇治の平等院がよいだろうか。正面手前に池を広げ、阿弥陀堂を中心として、傍らに翼廊をもつ。別に「鳳凰造《ほうおうづくり》という」(『雍州府志《ようしゅうふし》』)構造は、両翼の先端を想像にまかせる、寝殿を中心のイメージとした建物だろう。

そして海を寝殿造りの南の池に見立てた、とほうもなく大きい寝殿造りが広島の厳島神社だといわれる。

平等院の阿弥陀堂も四囲を水にかこまれる島に建っているが、厳島神社は寝殿にあたる本殿に主神を据え、左右に渡り廊下でつなげた神殿に陪神を祀り、前面の海を池に見立てたものである。

寝殿造りが究極のところ海を志向するものだったとは。

じつは寝殿造りの典型とされる東三条殿《ひがしさんじょうどの》とは、古くは藤原良房(八〇四~八七二)から道長(九六六~一〇二七)、頼通(九九二~一〇七四)らが住んだ邸宅だが、この頼通が父道長から伝領した宇治殿に、平等院が建立された。

いわゆる院政期とよばれる平安朝後期のことで、そのさらに行きつく先に、平清盛によって大々的に修造された厳島神社があったのである。

その後の平家一門の衰亡を知る人には、寝殿造りの華麗な完成とその終末が、幻のように想起されるだろう。

かくして寝殿造りとは、寝殿を基点として流れる水が、波頭に小さな母屋の花を咲かせつづけながら、池面へと伸びつづける構造のように見える。

のみならず、これら建物をおおう日本家屋特有の屋根は軒先を反らせ、波先をひるがえす水の姿にたとえることもできる。

仏像の衣紋《えもん》さながらに翻波型の葺《ふ》き先をつらねながら、先へ先へと流れるように波の花をつなぎつづけていく家屋。その先に広がる池、海。それが寝殿造りであった。

こうした生活空間の中に大きな美の安定を見出したのが日本人なのであろう。

日本化とはそのことを意味するのだと思われる。

水を落し、遣り、湛え、月光を映す住宅

寝殿造りの住宅には、水があふれていた。ここに寝殿造りの特徴があった。

それでいてじつは、基づくところが中国の思想にあった。中国の五行思想、すなわち、東

西、南北に青龍白虎、朱雀玄武がおり、それぞれに川、道、沼(池)、山のあることが理想とされたのである。

そこで、寝殿造りの庭にも南には池がなければならなくなるが、同時に東には川が求められた。

げんに東三条殿の寝殿造りには東の対と寝殿の間から水路が池に伸びており、水路は池に水をそそぐためのもののように見えるが、それは単に池に水を供給するためのものではなく、水路自体が川として必要とされたのである。

だから水路は機能的な直線ではなく、むしろ故意に曲折を重ねる。とにかく東の青龍に見立てたものだから、青龍の肢体を具現しなければならない。

その上でしかし、この水流を「遣り水」とよんだことにわたしは感動する。「遣る」とは先方へ送ることを意味する。池への「引き水」だなどと思うのは逆である。

一旦街路から取り入れた水を手元の物として、庭園の中へ放ちやった。水を遠くへ流れ去らせたのである。

当時の都、いまの京都は南へと傾斜していく土地だったから、流れ去らせるとは、水の性《さが》にまかせたということだ。手元から放たれた水は曲折に沿ってさまざまに姿を変えながら、本性のままに流れていった。

そして水は姿が自由なだけでなく、音の自在さも持つ。

じつは、先にあげた藤原頼通の子、橘俊綱《としつな》(一〇二八〜一〇九四)の作とされる『作庭記《さくていき》』(『前栽秘抄《せんざいひしょう》』ともいう)には「遣水事《やりみずのこと》」という項目があり、一尺に三分つまり三パーセントの勾配をつくれば「水のせせらぎ流るること、滞りなし」とある。

じじつ、そのせせらぎは『紫式部日記』という『源氏物語』の作者の日記の冒頭に、

遣水のほとりのくさむら、おのがじし色づきわたりつつ……例の絶えせぬ水のおとなむ、夜もすがら聞きまがはさる。

「遣水の傍らの叢はそれぞれに紅葉し……いつも通り絶えまない水音が夜どおしかすかに響いてくる」という名文となって登場する。場所は道長がもっとも愛した邸、娘の彰子《しょうし》が後一条天皇を出産した土御門殿《つちみかどどの》である。

さてこの東側の水に対して、南には五行思想によって池を掘った。南は朱雀の地だったから、池には水鳥が集《すだ》かねばならない。古来日本列島には雁や鴨がたくさん飛来したから、おのずから、それらで賑やかだったろうが、留鳥のように飼育することもあったらしい。

この池が大海へと移行することはすでに述べたが、それもそのはずで、じつは池は早くか

ら海に見立てられた。だから海への移行は当然のことだった。すなわち池には洲浜《すはま》とよばれる擬似海岸が作られ、渚《なぎさ》の趣が王朝人の心をよろこばせた。

擬似海岸への興味が昂《こう》じると、寝殿造りの庭の池まで難波《なにわ》の海から毎月三十石の海水を運ばせ、月の出の中で汐《しお》を汲むという趣向をこらす大臣まで登場した。源融《とおる》(八二二〜八九五)という風流人がその人である。謡曲の「融」が語るところだ。

彼はまた庭の池に陸奥の塩竈《しおがま》をまねたともいわれ、その伝説のままに、いまも「塩竈の手水鉢」が京都の枳殻邸《きこくてい》(融の住宅といわれる)にある。

また、平安貴族が池にのぞむ釣殿を船乗り場として池に龍頭鷁首《りゅうとうげきしゅ》の船を浮かべて船遊びをしたことも知られている。

そのためには池によほどの大きさが必要だろうが、藤原基経(八三六〜八九一)の邸宅、堀河殿の池は池の中には大きい中島があり、南の池と北の池とを結ぶ「南峡」がある。船の発着は北の池の東西の釣殿、それぞれここから出発した龍頭船と鷁首船が行き交いながら舞台である南の池を廻ったのであろうか。それを彩るかのように、この大池には虹も立ったという(『寝殿造の研究』四一七ページ)。

さらにこれまた頼通の創建した高陽院《かやのいん》には、西の渡殿の下に泉が湧いていたらしい。遣り水とはまた別の趣を作ったであろう。

この高陽院は南の池が大きく北上して東の対と寝殿の間を潜《くぐ》り、後池が北の対をかこむように北に広がっている。その幅は大きな船が通れるほどだった（同四三九ページ）。北面にまで及ぶ池の配置は、東の遣り水に代り、かつ船遊びの水路でもあっただろうか。泉が湧出の水路をもつと、寝殿は左右に水を所有したことにもなる。

じつはもうひとつ、高陽院には瀧が造られていた。『作庭記』には「瀧のおつる様々をいふ事」という一項があり、「向落《むかいおち》、片落、伝落《つたい》、離落《はなれ》、稜落《そば》、布落、糸落、重落《かさね》、左右落、横落」という種類をあげる。その多様さに驚かされるが、著者はつづけて「或る人云ふ。瀧をば便《たよ》りを求《もと》めても月に向かふべきなり。落つる水に影を宿さしむべき故《ゆえ》なり」という。手段を尽くして、月を映すように瀧を造れというのである。

右の多様な瀧の、それぞれがやどす月光を思ってみようではないか。げんに高陽院にあって後冷泉天皇はその月を見ている（『今鏡』巻一）。

生得《しょうとく》の自然に囲まれて住むという住居感覚

寝殿造りとは、身辺に水をたっぷりとあふれさせた住宅様式だった。

それが行われたのは山城の国の中、いまの京都市である。大河のほとりでも湖畔でも、もちろん海辺でもない山国の中で、こうした住宅の理想が発案され、実現された。いかに日本人が豊潤な境地を、よしとしていたかがわかる。しかもそれは不自然に人工的に造られたものではなかった。

すでにふれたように京都は傾斜地にある。『作庭記』には一条大路の標高が九条にある東寺の九輪の頂上だとある。実際はやく半分の二三メートル差らしいが、それほどの傾斜地で鴨川と桂川に挟まれた湧水の多い場所が、最良の土地として都に選定されたと考えるべきだろう。

だからこそ以前からここに秦氏が蟠居《ばんきょ》して巨万の富を築いた。

いや、京都に限る話題ではない。話は日本の問題である。傾斜地とは「野」のことだ。古代日本人が縄文以来居住した「野」の最良の地が、ここ京都の葛野《かどの》であり、「野」の性格を最大限に活用した最高の日本ふう住宅こそが寝殿造りだったのである。

水流がほとばしり流れるような翻波型の屋根をつらね、水が低きに流れつづけるように、南方へ家屋を伸ばしつづけた構造。鴨川の水や湧水を導き入れ、自然な様態にまかせて水を池へと放ちやった遣り水。岩石をさまざまに工夫して、落水の妙を活かした瀧。

流水を受け入れれば、池もまた口をあけるだけで水は流れ出た。すべてを天然の野に委ねれば、それでよいのである。

『作庭記』は開巻第一行に、庭への石の置き方を説き、「生得の山水を思はへて」(自然の山水を十分考えて)立てよという。

自然が誕生した時からもつ性格、それを具現することが生活環境の理想だという。この大原則に、誰も異をとなえることができないだろう。しかもそれが野のもつ美質の発見だということを、寝殿造りは教えてくれる。

日本ふうとは野から発揮されるものであった。平坦な大陸は、いや日本でも稲作に適した平地は、このように豊潤な住生活を許してくれないだろう。もとより巍然《ぎぜん》たる山岳でも、それは不可能である。

五　自然の「もの」を楽しむ

自然を狩猟した日本人

とくに秋、空も高く澄んで暑からず寒からずの季節を迎えると、われわれはよく「行楽シーズン」とか「行楽日和」とかといって、外出を楽しむ。山や野に出かけて自然を楽しむことを、行楽とよぶのであろう。

そこで、今日の「行楽」ということばを古くさかのぼってみると「物見《ものみ》・遊山《ゆさん》」ということばにつき当たる。「行楽」というより、「物見」の方が生粋のやまとことばだろう。「遊山」は中国の教養人が山にこもって自由な心境を楽しんだことから始まるのだろうか。

そうなると、日本的な「物見」と輸入された「遊山」趣味がひとつになって伝えられたのかと思われる。

それではそもそも日本人は山をどう楽しんだのだろう。『万葉集』には、額田王という七世紀の才女が春の山のよさと秋の山のよさを吟味した歌がある。

彼女はこう判断する。春山は草木が繁茂しているから心ゆくまで春の山に入って楽しむことができない。一方秋山はもみじするので美しい黄葉と憎らしく色をかえない緑葉がある。だから、秋の山はすばらしい、と。

彼女は、秋のまだらなもみじを恨んでいるが、だからこそ美しいと思っている。どうももみじはまだらで、情緒を不安定にするものらしい。

なるほど、あのように自然をもみじさせる何物かは、只者《ただもの》ではない。彼女はこの仕業を山姥《やまんば》の仕掛けかもしれないと思っているのではないか。

ところが彼女より二十歳ほど若い歌人・柿本人麻呂は、もっとはっきりと、秋の山のもみじが人を道に迷わせて、殺してしまったと断言する。だから妻はもみじの中に姿を消して、戻って来ないのだと信じ込むのである。

こうして二人の古代の大歌人がもみじの情緒不安定と殺人行為を歌うとなると、現代人が紅葉を美しい美しいとほめることが、一種の「ほめ殺し」で、もみじという小悪魔を封じ込めようとしているように思う。

そう思うと納得できることがある。なぜ昔から「紅葉狩り」というのか、ということだ。

紅葉に対しては枝を折って、潜んでいる邪悪な者を抹殺してしまわなければならないのではないか。あの妖しい千変万化の彩りという悪霊を。賛美するという方法によって。

紅葉狩りとは、紅葉をほめながら同時に茸《きのこ》を採ったことだという解釈もあるが、これでは人麻呂が大いに不満だろう。額田王もおへそをまげるはずだ。

じつは秋の紅葉に対する日本人の好みは、春の桜と一対である。桜に浮かれ紅葉に痴《し》れて日本人の一年がすぎるといってもいい程に、それぞれの時期には桜情報と紅葉情報が新聞テレビを賑わし、どっと押し寄せた人が賑やかな波模様を各地にひろげる。

ところが桜も、今でこそ一般的に「花見」というが、昔は「桜狩り」といった。もう十一世紀のころからだから、千年ほどの歴史をもっている。桜狩りがあってこそ紅葉狩りもあるのだろう。

「紅葉狩り」も「桜狩り」も、ともどもに邦楽の曲名になって日本の伝統を彩っている。一対の見方をされた結果であろう。

そこで桜狩りも、通説のように花見をしながら鷹狩りをしたから「桜狩り」というのだと考えるのは、いかがなものか。

そもそも鷹狩りは冬の行事で、桜のころが旬《しゅん》だとはいえない。聖武天皇は桜のころに供養を仏に奉《たてまつ》って桜会《え》と称し、そのゆえに諡号《おくりな》を豊桜彦と称されたほどだが、桜狩りをこのみごとな演出と同じく見ることはできない。

桜狩りも紅葉狩り同様、そもそもの出発に桜の狂気を封じ込めることがあると考える方がよい。

桜が人を狂気にさそい、人を殺《あや》めてきたことは坂口安吾や梶井基次郎が描いたとおりで、わたしもたくさん言及してきた(中西『花のかたち』)。

そこで人間が、こう自らを紅葉や桜と拮抗《きっこう》させてしまうと、もう紅葉や桜そのものを狩るしかなくなる。いずれも、相手を狩り取ることになろう。後のち、「桜折る馬鹿　梅折らぬ馬鹿」といわれるに到るように、紅葉した枝や桜が咲いた枝を折り取った。しかも畏るべきものをことごとく取り除く「狩り」ということばをもって、紅葉狩りや桜狩りが誕生した。

ふつうに狩りといえば動物を捕えることだし、せいぜい「刀狩り」のようにたとえに使われる程度だが、日本人は植物も同じく「狩る」というのである。

植物を狩ることは、ほかにも薬(薬草)狩りが五月五日の行事として、千年以上の歴史をもち、最近では苺狩りなどという商売も生まれた。

だから狩りとはいえ一向に荒あらしくない。むしろやさしい風情をもった自然との戯れのように思える。

物見から見物へ

こうして、紅葉狩りが山の美しさ競《くら》べに端を発するように「遊山」に根をもつとすれば、もう一方の「物見」の内容はどのようなものなのだろう。

そもそも「物見の者」などといえば、軍隊用語の斥候《せっこう》の者を連想する。敵軍の様子をひそかに窺う役目をおびた者だ。

これまた狩猟で動物の動静を見て、動物を追い立てる勢子《せこ》に合図を送った者が伏見の者だったのではないか。このことに便利な地形が伏見とよばれることも、十分ありえる。

とにかく「もの」とはふしぎな霊力なのだから、その仕業は十分に承知していなければならない。「物見遊山」というと、いかにも無責任に遊び廻っているようだけれども、そもそもは、どうやら大変なことだったらしい。

むしろ今まで語ってきた紅葉の仕業にも、山姥への「物見」があったと考えた方が合点がいくだろう。

すると日本人の、見ては楽しんできた景物が、みんな同類だということに気づく。

たとえばお月見。中秋の名月に対して団子や芋を並べ、ススキを飾って耿々《こうこう》と照る月の光を愛でることも、日本人の秋の楽しみの、大きなひとつである。

ところがこの行事も恐ろしい月光を忌みはばかることから出発した。何しろ、あの美しいかぐや姫は月の世界の者であり、中秋の名月の夜、月によって奪いかえされてしまう。そんなに不吉なものだから「月は忌む」べき物だし(『源氏物語』など)、月の顔を見てはいけないという(『竹取物語』)。

まさに日本人は、月の中に「もの」を見ていたのである。

ところが月見は、美しい物とされる名月の観賞となった。もう現代人は名月の見物《けんぶつ》に興じているだけで、月が人間を狂わせるなどというと、嫌な顔をされるだろう。

同じことが雪にもある。

雪の中にもそもそも雪女がいた。幻覚の中で人を道に迷わせたり、いるかと思って驚くと姿は消えて、床にぽたぽたと水が滴っていたりするらしい。わたしは、川端康成の名著『古都』の双子《ふたご》の姉妹の中に、雪女の発想があるらしいと書いたことがある(中西「名作のひととき」)。

本来雪も、十分に物見の者が様子を窺わなければならないのに、今は雪見障子を通して降りつもる雪の白さを愛でながら、雪見酒を楽しむこととなった。

それにしても、

いざ行かむ雪見にころぶ所まで

（松尾芭蕉『笈《おい》の小文《こぶみ》』）

というのだから、もう雪見は十分風狂《ふうきょう》を秘めている。

そこで、こう月と雪が並ぶと、大関格の花が登場してくれないと困る。すでに詳しく書いた（中西『花のかたち』）とおりに「桜狩り」は「花見」として今日定着している。桜に対して「物見」したという記録はないが、桜こそ「もの」の最たるものでありながら、いちはやく桜は「見物」される対象となり、桜のはらむ狂おしいばかりの爛漫さに対抗するように、花下の遊楽がくり展げられ、日本人は狂い舞い踊りつづけてきた。

その大きな端緒のひとつが太閤秀吉の醍醐の花見であり、徳川に世をかえた「元禄花見《げんろくはなみ》踊《おどり》」の盛行だった。

以上あげた雪月花は古来の三大景物である。それらがこぞって雪見、月見、花見と、見ることのめでたさを讃《たた》えられているのは、日本に顕著な、四季の変化にともなう自然への、日本人の対し方であろう。

その基本に「もの」への近づき方を潜在させていることは、紅葉を畏れて枝を折ることを本質とした「紅葉狩り」の性格とひとしい。

「物見高きが里《さと》の癖《くせ》」というほどに物見は好奇心の成れの果てだが、やはり雪見物《けんぶつ》、月見物、花見物とは言わないところに、日本人の心の程が見えているのではないか。

自然を演出する工夫

桜については、とくに夜桜を愛でる習慣が日本人にはある。

江戸の遊郭には、夜桜を特別なものとして人をよび寄せようとすることがあったらしいが、これが夜桜の始まりではない。夜桜はすでに八世紀の『万葉集』から始まる。

そこには、月と花とがひとつの構図の中に収まるというすばらしさもあるだろうし、いっそうの神秘感もあっただろうが、夜空という漆黒のスクリーンに映る桜の妖しい美しさに、人びとが魅せられたことも、推測される。

というのは、今日でも人気のある行楽に、花火があるからだ。江戸期に、今まで火器の中で巨大な力を発揮してきた火薬を、みごとな見せ物としたのが花火だった。

花火のみごとさとは、炸裂《さくれつ》の形を花にたとえ、火による花の造型を、夜空というスクリーンに映し出したことだ。発火点の近くにいると火の粉がばらばらと舞いおちてくる。ドンという炸裂の音が、腹にひびく。

勇壮この上ない花火の仕組み、これは武士の文化という、古代の日本文化とは別の、もうひとつの根を持つ。

それを見るのが大川端に出た見物人や、夜船に乗った客だから、火薬という殺人的な薬材とひきかえに、のどかさがある。この平和さと一瞬に華やぐ夜空の演出との足し算は、みごとにあわれ深い。

そしてもうひとつ、江戸という太平日本が作り出した文化に菊人形がある。

菊はそもそも中国で重陽の節句(九月九日)に用いられたものだから二千年をこえる歴史をもつし、菊の長寿が尊ばれるという象徴性が強いのだが、それとまったく趣向をかえて、菊をもって人体をまねたところに、革命的な演出がみられる。

登場人物として歴史上の武将が中心を占める伝統には、花火とひとしい武家文化の背景があるのだろう。

重陽の伝統とは別の起源である。

だから花火と共通する「見立て」として菊人形を見ることもできる。火薬の炸裂を花と見立てること、菊による造型を人体に仕上げて故人に見立てること。花火も菊人形も見立ての中に歓びを見つける遊びである。

「狩り」の行楽は自分のものにするという遊びだったが、花見、月見は賛美する心の遊びであった。

その中で菊人形は、とくに菊という長寿の花による造型がよい。

ヨーロッパでは蝋人形が流行るが、わたしは蝋人形が好きでない。生《なま》なましくて冷たくて気味がわるい。それにくらべると菊人形は写実性など、一かけらもない。顔面は花では作りようもない。だから菊人形には、真似て作ろうという意志は毛頭ないはずだ。

ただ菊という長寿の衣服を着て、登場人物らしく素振りを見せてくれればいいという、この心のゆとりも、また遊び心をそそるのであろう。

花火だって、何の花だ、あんなふうに花は咲かないなどと誰ひとり言うことなく、夜空に花を仰いでいる。この遊びこそ快いのである。

六　自然と人間を結ぶ縢《ちきり》

身辺にみち溢れるふしぎな日本語

わたしたちのまわりには、ふしぎな自然が溢れている。

たとえば雷《かみなり》。空中にとどろく雷鳴を「神さまの鳴り響く音」だというのだから。無神論者も多い昨今だのに、あれは神さまが鳴らす音だとは。

神なんて今時、と笑う人がカミナリというまいとしても、他に言いようがない。

また、尖光が大空の亀裂のように走る。するとイナズマだと日本人はいう。稲を実らせるものだから、稲の夫《つま》としてイナズマということを、ほとんどの人が忘れているにしても、みながあれは雷光と稲との結婚だと、平気で口にしているのである。

ましてや古代ではイナツルビ（稲のセックス）とさえいったことを知ると、厳粛な気分になる。

また運動会の大喚声が天にこだまするという。コダマとは木霊《こだま》。そもそも樹木に霊魂があって、その魂の発する声がコダマだった。山の中で「おーい」と叫ぶと、向うから木の魂が「おーい」とよび返してくる。そう考えたのがコダマと称する出発点であった。

さらにコダマはヤマビコともいう。山彦——山の男が発する声だとも日本人は考えたのである。山男といえば昨今は山登りの男だのに、こちらは別、山という男がことばを発しているというのだから、そんなのは野蛮な話だと考える人は、日本語のコダマもヤマビコも使えないが、さりとて別のよび名はない。

自然を男をもってよぶ例は他にもある。坂東太郎というのは映画俳優ではなく、日本第一の川として坂東(関東)を流れる利根川のことである。同じく筑紫次郎は筑後川、四国三郎は吉野川をさす。

川が男だなどと、あほくさい！　と叱られるだろうか。叱られても広く世間に認知されているのだから仕方ない。

これこそが日本人の習慣だというべきだろう。もちろん、アメリカ人が台風にニックネームをつけてよぶことをわたしも知らないわけではない。有名なキャサリン台風のように。

しかしこれは戯れてよぶのだから、コダマやイナズマとは違う。こちらは別称ではない、本来のあり方のよび方なのだから、わけがちがう。

こうしてみると、日本人の自然と人間との関わり方の特殊さに、改めて考え込んでしまう。

この正体は何か。わたしは以前このことに、樹木を人間の索引と考える説を結びつけてみたことがある。

自然を人間のいのちの索引とする考えは、広くアフリカ、インド、太平洋諸島に見られ、英語ではライフ・インデックスとよばれる。彼らはそれぞれ自分の木をもっていて、木の盛衰がわが身の生命と連動すると考える。つまりわが生命を索引するものが樹木だという思想である。

これと類似のモチーフは何と『源氏物語』(幻)で六歳の匂《におう》が「まろが桜」(私の桜)というように日本にも基層にあって、日本人は自然と殊の外に深くかかわりをもつのではないか。今日もなおこの古層と切り離しがたく生きているのが日本人だといってもいい。

じつはわたしが生まれた時も父がわたしの木を植えてくれた。兄弟すべてそうであった。この無意識の心理の中にも日本人共有の自然観があったのではないか。

そうした自然との関わりの歴史の中に生きてきた日本人だから、俳句という季節詩を、なお大切にしているのだとわたしは思う。そしてこうした人間と自然との橋渡しの中に符号としての季語も生まれるのであろう。

そこで、季語を蝶番《ちょうつがい》としてひとりひとりの人間が結ばれることも日本人には可能になる。自然と人間を結ぶ共有の道具が、季語だからである。

こうした人間と自然との固い結合を、わたしは榺締《ちぎりじ》めのようだと思う。伝統的な建物や道具を見ると、二枚の板をつなぐ時に⧗の形の木片がはめ込んであるのに気がつかないだろうか。釘など使わずに、これによって二枚はしっかりと結合される。この結合させる美しい形の木片が榺である。

榺は本来糸を巻きとる時に使った道具で、棒のように長くなると、武器にもなる。それを千切木《ちきりぎ》といった。同名の狂言がよく知られているが、その形をまねた、小型の止め道具が榺締めである。いわゆる「用の美」として日本を代表する木片ということもできる。

日本人は自然と榺締めにされているから、身辺にふしぎでゆかしい日本語がみち溢れるのである。

感性が受け止める季節

それでは日本人は自然とどのように榺締めされているのだろうか。すでに人間同士をつなぐ蝶番のようなものだといった季語は、榺の象徴だと思われる。

季語といえば俳句をよむ時に必ず入れなければならないもの、といった理解が多いかもしれないが、けしてそうではない。季語に先立って麊があり、それを一定の季節語と認めた上で、季語と称するにすぎない。

さて季語の中には、ふたつの優れた季節認識があるとわたしは思う。

ひとつは季節を感性によって受けとめる傾向である。たとえば「夜長《よなが》」という季語がある。夜が長いという意味であることはすぐわかる。

地球は地軸を傾けて自転しながら太陽のまわりを廻っているから気温の寒暖や昼夜の短長がでてくる。長さでいえば春秋の彼岸が中点で、夏至と冬至が折り返し点になる。

そこで夜が一番長いのは冬、短いのは夏である。当然、夜長は冬の季節の現象であろう。ところが俳句では夜長を秋の季語とする。反対の「短夜《みじかよ》」は夏の季語なのに。つまり秋の彼岸をすぎてどんどん夜が長くなっていく、その実感こそが日本人の季節感であって、物理的な時間の長さではないのである。

それでは「短夜」だって春の季語とすべきではないかというのが理論派の正論だろうが、日本人はこれに与《くみ》しない。あっという間に夜が明けてこそ「短夜」であり、「ああ夜が長くなった」と思って思わず哀感を催してこそ「夜長」であった。

同じように驚くことが「涼《すず》し」を夏の季語とすることではないか。夏は涼しいどころか暑くて仕方ない。やっと秋風が吹いて涼しいと感じるのだから秋の季語でよさそうだのに、そうではない。

これまた、ふだんが暑苦しい中でこそ風鈴の音まで涼しいと感じたり、西瓜を見かけるだけで涼しいと思うのだから、やはり涼しいという温度感は、夏の物とすべきだろう。

日本人は万事、天の邪鬼《じゃく》らしい。

いやいやそう軽んじてはいけない。たとえば「竹の秋」とか「麦の秋」とかという季語がある。秋といいながら「竹の秋」は春、「麦の秋」は夏の季語である。

なぜなら竹は春に葉を落とし、麦は夏の暑いさ中に稔りの麦秋を迎えるからだ。つまり秋の季感の中に落葉とか収穫とかという秋固有の現象が、先験的に取り入れられた命名なのだ。秋の落葉や収穫の現象を秋と捉える風情を、いつわりなく竹や麦にあてはめるのだから、けしていい加減なのではない。

むしろそれほどに感性を研ぎすまして自然の万物の営みと呼応しようとする日本人の情感のあり方が、つくづくと思われるではないか。

さて第一の特質が長くなったが、もうひとつのすぐれた感性による季節の捉え方に、日本人が四季を通して身近かにしている物の季節感がある。

たとえば障子。むかしは今の襖《ふすま》もふくめて障子といったが、このように季節の別なく存在するものにも、季節をあたえて季語とする。障子は冬、と。

これを、夏は障子を明け放つからだとだけ考えるのは不十分だろう。とくに純白に障子紙を貼りつめた障子は、凛として清すがしく緊張感がある、氷と似ている面もあるだろう。あいまいな意志など、拒否されてしまうかもしれない。

反対が布団《ふとん》。一年を通して人間は布団に寝ているが、いちばん世話になるのは冬だろう。むしろ夏にははねのけてしまう人も、少くない。

だから有名な、

蒲団《ふとん》きて寝たる姿や東山　　服部嵐雪

という俳句も、まわりを寒ざむとした夜がとりまいていることになる。ただ姿が似ているというより、東山の暖みを感じとった句なのである。

こう並べていくと月という一年中存在するものを、秋の名月によって代表させて秋の季語とすることも、よく理解できる。

他の季節の月をよむ時は「春の月」とか「冬の月」とかとことわることとなる。

日本人は季節をこえた物にまで季節を嗅ぎ分けようとするのである。もう季節は感性の中にしか認めないという呼吸すら感じられる。

教養をパロディ化する俳句の季語

ところでこの傾向は、逆に自然現象を創作してしまうこととなる。以前も多少ふれたことがあるが（中西『亀が鳴く国』）、「亀鳴く」（春）「鎌いたち」（冬）「逃げ水」（春）などという季語がある。

じつは亀は鳴かない。鎌いたちは風の一種。水は逃げない。いずれも幻聴を楽しんだり、きびしさを比喩したり、特殊な現象を視覚的に言いなしたりしたもので、実在しない。いわば自然の創造といっていいだろう。

ただ、このようにまるで実在するかのごとく言いなし、それを季節の特徴のように言ってのける原点に中国の古典がある。そこで、その原典にいかに俳人が挑戦したか、どのような句を創造したかに焦点がある。

たとえば「雀（化《か》して）蛤《はまぐり》となる」（秋）などがそれだ。

天下の俳人河東碧梧桐は、

　雀蛤となるべきちぎりもぎりかな

といった句をもって雀が蛤となる自然を観察した。

一体どうしてこんな奇妙な発想が生じるのか。たとえば『改正月令《げつれい》博物筌』(文化五年)には「水虫、蜻蛉となり、毛虫、蝶と変ず」という実例が示される。前者はヤゴがトンボの幼虫だし、後者はみんな知っている。見た目は異なっても自然界ではあり得るとうなずいてしまうだろう。

同じようにスズメが海に入ってハマグリになるといわれると「風が吹くと桶屋が儲かる」式の滑稽さが加わるが、さらに「すべて飛ぶものは化《け》して潜物《ひそむもの》となるは天の理なり」といわれると、厳粛な気持ちになる。

じつは右の書物は中国の古典『礼記《らいき》』の中の「月令」を日本ふうに解説したものだから、古い中国哲学が現象を通して天理の道理に味到した結果であった。

しかしそれでいて、どこかユーモラスな点こそが俳句に利用される理由である。江戸の教養人たちがまず中国の暦である月令を歳時記の基本にすえたことはよくわかる。

自然を大きく見破り、自然を創造する成句を俳諧のことばとしたプロセスはみごとである。「鷹(化して)鳩となる」(春)は正しく「月令」にあげられた七十二候の一つ(陰暦二月の第三候)だから格調も高い。それでいてユーモアがある。

季語が中国の教養に由来することも大事だが、ただそれだけではない。碧梧桐の句の中心は、パロディである。天然現象を納得し、それを人間は契《ちぎ》りとするのだが、一方劇場の切符係が切符を捥《もぎ》りとるように雀と蛤は絶縁している。その関係を「ちぎりもぎり」と音を重ねたみごとさに、俳味がある。

わたしの言う自然と人間の滕を契りとし、その契りも捥りだという俳味に到って、日本人の滕もしたたかに成熟したのだった。

第二章

生活

繊細な色彩感覚で自然を捉え、多様に色を重ねて表現した「十二単」
（京都府京都文化博物館蔵）

一　柔軟な居住感覚

揺らぐ布による間仕切り《まじきり》

それぞれの部屋が厳格に区切られた現代の住宅に住むわれわれにとって、古代の住宅は、ほとんど想像を超えているのではないだろうか。

ただ広い空間があるだけなのだから。

壁でどんどん区切って部屋を作ればいいと思うだろうが、その発想は政権が武士によって握られる中世までなかった。古代人は区切りが必要なら、壁代わりの物で囲って、小さな空間を作ったのである。

竪穴《たてあな》式の住居から高床《たかゆか》式の建物に移って以来、それが、何百年も日本人が続けてきた生活感覚だった。そしてこの名残りが今も絶えないというのだから、これこそ日本人好みの本質的な生活感覚だと考えるべきであろう。

早い話、現代のわたしたちでも部屋を仕切る物を障子とよぶ。障子とは、障《さえぎ》る物(子は愛称)というのだから、本来は広い空間を区切る物でしかない。

しかも簡単に開いてしまう。防御力などほとんどないから、今や日本旅館が嫌われたりする。襖ではない明り障子だと人の動静まで映るから、障るといっても、タカが知れている。

また部屋の中に、りっぱな屏風が飾ってある。これも装飾品かと思うと、いみじくも屏風(風を屏《さえぎ》る)というように、本来の役割は障子とひとしかった。そもそも屏風は衝立《ついたて》が拡大し、折り畳みを連ねることで曲折ができたものだから、本来は壁代わりに立てた物で、その機能を名前に残したまま今日に到った。

もちろん屏風の元祖は中国。日本は七世紀のころ輸入したが、中世にはかえって日本の重要な輸出品になった。柔軟で強い和紙を使って折り畳み自在になったからで、日本で屏風がいかに珍重され重視されたかがわかる。

ところで障子も屏風も、広い空間の中で一部を守るための道具だったから間仕切りなのだが、この間仕切りの最初の道具は、几帳《きちょう》とよばれる物であった。平安時代の絵巻に出てくる、T字形の軸を立て、何枚かの布を垂らした物だ。

この布が一面の板なら、衝立であり、曲折をもてば屏風になる。それほどにこれらの元の形が、几帳だった。

要するに、もっとも簡便な目隠しが几帳といえるだろう。これで私空間を作ったり、寝所を囲んだりすれば、どんなに広い空間もどんどん分断できる。

しかも移動可能だから分断は自由自在。これほど便利なものはない。不便といえば風はいくらでも通るから寒い。

しかし逆にいえば夏は涼しい。プライバシーが守れないというと不便だが、そんな秘密めいたことがあるからこそ現代では悪事もおこるのである。

固定した仕事や生活パターンの空間はないが、おかげであらゆることが、同じ場所で可能になる。

そこで、昔ながらの日本家屋の構造も、納得がいくだろう。同じ場所でも卓袱台《ちゃぶだい》を出せば食事ができ、道具を構えれば仕事もできる。道具を片付けて夜具を敷けば寝室になる。

つい先ごろまで――いや今でも日本旅館の部屋は、こうしたしつらえで宿泊を提供している。

それに十分満足し、機能的な空間利用をしてきたのに、西欧ふうな部屋割の建物に代ったから、現代人は違和感と不便を、背負い込んだのである。

いや、平安の昔も塗籠《ぬりごめ》という窓もない部屋が、なかったわけではない。だから区切る方法もあったのだが、あえてホールを壁で仕切らなかった。せいぜい長押《なげし》から布を垂らして通行自由とした。これが壁代《かべしろ》である。壁ということばを知っているのに「壁の働きをする物」ということばで布をよび、布を垂らして一往の仕切りとした。

この装置——仕切りに布をもって対応するという日本式の生活感覚は、区切りに対する柔軟な対応、固定しないものへの尊重を示すといえるだろう。

逆にいえば日本人は、部屋に土壁の区切りを内蔵する集団生活者ではなかった。むしろ風や人どおりで揺らぎつづける姿を区切りと考えた住み方を、いまわたし達に教えているのである。

木を組むだけの内外の遮断

こうした日本人の住宅感覚には、ほとんど他人と自分とか、内と外とかといった区別がないかのごとくに見える。

だから太古の竪穴式住居でも、出入口には簾《すだれ》を一枚垂らしただけだったらしい。素材は菰《こも》か葦《あし》か。

中国には今でも窖《よう》とよばれる土の中の住居があるが、先年その入口に簾が垂らしてあるのを見て、わたしは日本の縄文時代を思い出し、同時に『万葉集』で額田王が「簾動かし秋の風吹く」(巻四)と歌うのも連想したことがある。

この入口の遮蔽物は帳《とばり》とよばれる。「『と』(狭い所)に張った布」という意味で、もちろん扉(ドアー)ができる以前である。

この布がはるか後の時代、千年をへだてて商店の店先の暖簾《のれん》になったというから、緩やかな内外の区別意識は、おどろくほどに強固だったのである。

だからやがて入口をもつ家屋になった今でも日本の家は、玄関に格子戸をはめる家が少くない。細い木を縦長に並べ、多少の横木をわたして格子を作る。今は内側の全面に磨《す》りガラスをこそ張ってあるけれども、格子戸であることには変りない。

格子とは木組みのこと、障子、格子と愛称の「子」をつけてよぶのがほほえましいが、本来は木を組み合わせて入口を防御するつもりの物であった。

それより一枚板をはめこんで侵入者を防げばよいのに、木を組むだけである。中は透けて見える。

のみならずこの格子は、窓にいたるまで、強固にしかも長く、内外のへだての主流となった。

日本人は蔀《しとみ》という、撥《は》ね上げ式に開閉する戸を作ったが、これも蔀格子とよばれる。いまは下半分ははめ込み、上半分が開いて窓になる半蔀《はじとみ》がお寺などに残っているが、あくまでも整然と縦横に木を組み合わせた格子戸である。

この木組みの裏に、ないしは両面木組みの真中に板を張れば透けないのに、格子目を細かくするばかりで、板を張って塞いでしまわなかった。

さらに格子には連子《れんじ》という仲間がある。細い縦木を横に(場合によっては上下に)並べたものだ。

すでに飛鳥時代、これが七世紀の山田寺(奈良県)の回廊にあったことが、発掘によって判明した。

じつは今、わたしは『格子の表構え』という、格子写真の美しい本に見とれ、列挙された格子の多様さに圧倒されている。

全貌を紹介するわけにはいかないが、とにかく名称だけあげても多様である。これは「形状・用途による分類」とある。

親子格子　切子《きりこ》格子　吹寄せ格子　木返し格子　細目格子　盲格子　目板格子
板子格子　木連格子　木格子　蒸子《むしこ》格子　大和格子　丸太格子　戸袋格子　行灯《あんどん》格子
堺戸格子　筬《おさ》格子　千本格子　桝《ます》組格子　高麗格子　柳格子　浪格子　たすき格子

菱組子格子　花菱格子

まさに格子は日本家屋の象徴といってもいいだろう。

とくに格子は商店の店先にみごとに利用されることで精緻をきわめた。いみじくも「店《みせ》」(見せ)というように、半ば商品を見せるために連子格子の一面が道に向けた窓に展開される。客はそれをちらちら見ながら店の中へ入り、買物を吟味することになる。

そうなると実用と風格を兼ねて、それぞれの店が特色のある格子を組んでみせることとなる。上掲の書物の「商家の格子」は次の物をあげる。

米屋格子　酒屋格子　麩《ふ》屋格子　炭屋格子　江市屋《えいちや》格子　糸屋格子　仕舞屋《しもたや》格子

吉原格子

そして、もう店が必要でなくなっても、町家ではあい変らず連子窓を大きく整え、出入口に格子戸を入れた構えが、いまも多く見うけられる。本来の形式が造形美となった結果であろう。

日本家屋の、こうした強固な格子による内外のへだては、やはり木という、本来は面を持たない素材を生来の自然な生態のままに居住空間にとり入れた趣向で、日本人が自然さをいつまでも手離さなかった証明といえる。

あまつさえ、組み合わせる木の造形美も出現すれば、なおのこと、よかったのである。

竹による透明な垣根

ところで日本語では、古く神を祀る場所を「ひもろぎ」といった。古い文献に「神籬」という漢字のふりがなに、「ひもろぎ」と見える。

多分、古代人は神が降りてくる聖地を籬《まがき》によって囲ったのだろう。すると一見簡略に見える、間が空いた垣こそが、神おわす所の大切な正式の垣根だったことになる。

いや、間の空いた垣根とは、元来自然な木を並べて垣としたものだろう。ここでも、布や格子と同様遮蔽が緩やかで、間が透けて見える自然物であったことがわかる。

そもそも「かき」とは「囲《かく》む」ことと語源が同じであったにもかかわらず、である。しかも神域を示す籬は、瑞垣《みずがき》とよばれた。瑞みずしい垣とは、自然のままの植物を措いては考えられない。

そして後のち伐採されて囲む物として利用された植物でも、そのまま瑞みずしい生命を保つと信じられていたのであろう。

それこそが「生け垣」とよばれる物であった。「生け」ということばは「生かす」ことだから、囲いを生命ある木でとりまくことが、大切な神の降臨にふさわしいと考えた結果だった。

おそらく神に犠牲《いけにえ》を捧げるのと同じ考えから、中心に降臨する神を「生け垣」によって祝福したのであろう。

神域をめぐる垣根をいまも玉垣とよぶのは、生け垣の命のりっぱさを「玉(霊)」としてほめたたえたものである。

そしてこの美風は今日になお一般の住宅を植木で囲む「生け垣」の習慣となって、残りつづけている。

じつは八世紀の歌集『万葉集』でも早ばやと民家の垣は葦垣《あしがき》とよばれる。葦で舟まで作った古代人だから、垣根を刈り葦で組むのは当り前だろうが、その根源にさかのぼると、神域を植物で囲む思想に行きつく。この葦も命おわった植物と考えていたのではない。

一方で『万葉集』には自然なウツギで作った垣根も登場する。「鶯のかよふ垣根の卯《う》の花の」(巻十)と、後に小学唱歌『夏は来ぬ』(佐佐木信綱)にも用いられるほど、長く日本人から親しまれてきた卯垣である。

しかし生け垣が後のちもっとも多く使った植物は伐りとった竹であろう。竹は太さ細さ、長さ短かさ、またさまざまな色をもって垣に用いられ、さらに多様な編み方によって、長く日本の住いの垣根を飾ってきた。

竹が応用されたのは幹だけではない。小枝の茂みも応用されて自然な姿が人目を喜ばせてきた。

竹垣は植物による垣根のあり方の、集約のような編まれ方をしたといってもよいだろう。この中には直立する竹林の生命感がある。透明感もある。

また竹の伐りたては瑞みずしい緑色で、のちに黄褐色を長く保ち、やがて灰色にさびた風情を示す。この長い一連の生命の中で住いを囲みつづけてくれる。

しかもほんの結界を示すだけの組み方で垣根の用を果たすこともあり、建仁寺垣のように、装飾としての袖垣《そでがき》となることもある。

何の防御の用をなさずとも、何の遮蔽をせずともよい。編み目から中がまる見えでも、むしろその透視が貴重な特性であるように立っていてくれればよいという風情を、日本人は生け垣の姿の中に愛してきたのではないか。

日本人がこうした布や木、竹を素材として間仕切りや出入口や垣根を作って生活してきたとは、どれほどか平和への豊かな信頼にみちていたことだろう。

自然に身をゆだねる生活者の情念を、十分に見せてくれるものが、これらの家屋構造であった。

二　日本化した節句

自然と結びついた節句

わたしたちは端午《たんご》の節句(五月五日)とか七夕《たなばた》(七月七日)とかとよんで、暦の上の節目を大切な日——聖日としてきた。

これらはそもそも中国で人日《じんじつ》(一月七日)、上巳《じょうし》(三月三日)、重陽《ちょうよう》(九月九日)とよばれる日と並んで、五節句とよばれる聖日であった。

人日以外は月と日が重なる。これも中国で陽の数とされる奇数の重なりを尊重したものだ。

例外の人日も中国で一日から七日までを、鶏、狗《いぬ》、猪(豚)、羊、牛、馬、人に配当した中で、人の日を尊重したものだから、七日間を一くくりにした上で、七日の人の日を尊重した日である。

このように五節句は中国の習慣を輸入したものであった。古代の朝廷では輸入品ゆえに大事にされた面もあるだろう。

ところがこれらは日本に輸入されると、当初こそ本来の意味を保っていたが、もう八世紀になると、はやばやと、さまざまに日本化してくる。

たとえば人日。中国ではたまたま人の日とされたから犯罪人の刑を控えるていどだけだったが、日本では若菜摘みという古来の行事と重ねられて「若菜の節句」となった。

そもそも冬の間に欠乏した緑の野菜をとる必要があった。ところがこれが行事としてひろく行なわれ、『万葉集』の冒頭が若菜摘みの歌になったり、『百人一首』に光孝天皇の、

君がため春の野に出でて若菜摘むわが衣手に雪は降りつつ

が採用されることとなった。

しかも人日と若菜摘みを重ねると、若菜を人日の七と重ねて七草が定められた。セリ、ナズナ、ゴギョウ、ハコベラ、ホトケノザ、スズナ、スズシロ(大根のこと)の七草である。

さらにこれと対応する秋の七夕に、「秋の七草」が山上憶良によって定められたらしい。

ハギ、オバナ(ススキのこと)、クズ、ナデシコ、オミナエシ、フジバカマ、アサガオ(キキョウのこと)が『万葉集』に見える。

春の七草が菜食をとるためのものであったのに対して、秋の七草は七夕の夜にこれを天の川をはさむふたつの星に供えたらしい。

また三月三日の上巳の節句は本来「三月の最初の巳《み》の日」だから三月三日と同じではないが、巳《み》が三《み》であるところから三日に定まってしまった。

そして中国ではけがれを払う日だったが、日本ではけがれを人間の形をした雛人形に託して払うようになり、雛人形を水に流した。また一方人形を飾りにかえ、豪華な雛集団として棚段の上に並べるようになった。

ままごとの元祖といってもよい。

さらに中国では三月三日が西王母《せいおうぼ》の誕生日とされていたから女の節句となり、西王母が長寿を約束する蟠桃《ばんとう》(大きな桃の実)をもっていたという故事から、日本では桃の節句とよばれるようになった。その場合は、モモの実を飾ってこそ意味があるが、モモの花を飾るようになる。

もっともこの上巳を飾るものが『万葉集』でサクラであることは見逃せない。

中国の伝説である蟠桃会《え》より優先して、日本人が時期の花であるサクラを選択したことに、日本的な本質が見える。
日本では一方でモモの呪力も受容して神話にそれを語り、平安朝の宮女たちが正月の上《じょう》卯《ぼう》の日に卯槌《うづち》というモモの棒で女の尻を叩くこともしながら、古くは自然な植物として、春を代表する日本好みのサクラで上巳を飾ることで、渡来した習慣を変形してしまったのである。

また、上巳の節句には菱餅《ひし》も飾る。この餅あるいはそれを真似た菓子が三重ねに赤、緑、白色を用いるのは、赤がモモの赤、緑がヨモギの緑であり、白は清浄さを現わすのだといわれると、この形にこめられた情感にわたしは感動する。

ヨモギの生命力はアジア一帯にひろく信じられている。アルテミスという女神の力と見られる実例もある。

それが日本に入ると雑草の典型となり「蓬生の宿《よもぎう》」ともよばれながら、西王母ゆかりのモモと並んで餅に登場する様子は、みごとな日本での処遇といえるだろう。

この他にも端午の節句に菖蒲を飾るなど、節句は日本に入って、自然と結びつく傾向を濃くする。

単なる三と三、五と五といった数合せであった本来を思い出してみると、数合せまで自然をまき込んだ節句にしてしまう日本的変容は、重要な日本的情感の現われと見てよいだろう。

祖霊と結びついた節供《せっく》

節句は、じつは節供とも書かれる。暦の節目であるこの日に、神仏に供物をすることから、節供という文字が使われるようになった。

その中で、五節句とは限らないが、同じような節目で「雑節句」とよばれるものも含めて、節目の日に祖霊が戻ってくるという考えが日本には濃い。

たとえば日本人は「祖霊は年四回、正月、盆、春秋の彼岸に戻ってくる」と、いまに言い伝える。

たとえば正月。一月の節句は人日に代表されるように思うが、もちろん主役は一月一日である。古くはこれが年の境目だったのだから、この日はいまの節分のように、節目に想像される吉事にも凶事《まが》にも対応しただろう。

その吉事のひとつとして、大晦日の夜の闇に、帰ってくる祖先の魂を日本人は信じた。

もっとも有名な文献は十四世紀の『徒然草《つれづれぐさ》』だろう。著者、吉田兼好は、大晦日の夜について、亡《な》き人の来る夜とて、霊まつるわざは、このごろ都にはなきを、東のかたには、なほすることにてありしこそ、あはれなりしか。（十九段）

「亡くなった人が帰ってくる夜だというので、その霊魂をおまつりする行事は、近ごろ都でこそなくなってしまったが、関東の方ではなお続けていることが心にしみることだ」という。すでに都では十四世紀でさえ魂祭りをしなくなって、関東地方にしか残っていなかったらしい。

しかし門松は祖霊がやどるものと信じて作ったというし、お正月のいろいろなお飾りも、帰って来る魂をもてなした物の名残りだという。

神棚に鏡餅やお神酒《みき》を供えるのも同じである。

十五日を小正月といい、この日にどんど焼とよばれる、正月の飾り物を焼く行事も、祖霊がふたたび異界へ去った後のものを、浄化することに由来するらしい。

旧暦の正月はいまの立春に当たる（うまく重ならないことも多いが）から、その前夜は節分。いま節分の日に「鬼は外、福は内」と豆をまくのも、節目につけ込んでくる悪霊をおい払おうとするものだ。

ところがそれが本来祖霊だったのだから、いまでも「福は内、鬼も内」という地方があるのも、当然である。

祖霊が帰ってくるもうひとつの日が、いわゆるお盆である。

いまは八月十五日の前後とされているが正しくは旧暦の七月十五日。七月は半年後の正月だから、この日の本来の行事は後半の半年の出発の日として新春の行事と同じになるはずだ。それでこそ「盆と正月がいっしょに来た」という繁忙の表現も成り立つのだろう。

そこで盆にも祖霊が戻ると思われた。むしろ正月に忘れてしまった祖霊の戻りが、こちらではいまも強固に生きていて、十三日に迎え火をたき、十六日に送り火をたく。

なにしろ京都の大文字焼きが送り火だと知ったときの、わたしの驚きは大きかった。とくに大文字山の間近で、火の粉をあびながら見る送り火はすさまじい。祖霊の送りは、これほどに過激でなければならないのである。

一方十六日に「精霊流し」がある。こちらは海へ戻る霊の送りだ。山へ戻る祖霊、海へ戻る祖霊、これこそが本来の日本人の祖霊観である。

祖霊へのもてなしは他にもある。

信心深かったわたしの妻は、必ず盆の供え物として売っている胡瓜や茄子の馬や牛を買ってきては、事故で亡くなった娘の盆の祭りに供えていた。この馬や牛に乗って祖霊が往復するのである。妻が亡くなった後は、わたしがその真似をしている。

これらを供える精霊棚も、この時特別に作られたのは、通常の神います神棚とは別のものだからだろう。

本来は後半年の正月だった盆も、このように祖霊祭りの様子を見せる。これも「聖日」が祖霊とともにしか存在しなかった日本人の心意の現われだったことは尊い。

仏教と結びついた節句

ここで問題とした盆という名称は、そもそも盆というのが仏教の盂蘭盆《うらぼん》から来ているのだから、後半年の正月という意識が、まったく無くなった証拠である。

節句はそれほどに仏さまと共に存在させられてきた。

盂蘭盆はサンスクリットのウラムバナ(逆さ吊り)の音を漢字にしたもので、もう名前まで仏教化している。つまり同じ七月十五日の盂蘭盆会《え》という仏教の行事の方が前面に出てしまった結果である。

盂蘭盆会は地獄におちた母を救うために釈迦十大弟子のひとり目連《もくれん》が七月十五日に母を供養したお祭りだった。

日本人はそれほどに歳月の節目を仏さまと結びつけて伝えてきたのだが、その最たるものがお彼岸だろう。

上述した四つの先祖帰りの二つがこれである。

年に二回の彼岸の日とは、人も知るとおり、太陽と地球と月が一直線に重なるという天体上の節目だった。そのために太陽は真東から出て真西に沈む。そこで昼夜が同じ長さになる。その結果の大きいものとして、一時間近く潮が止まるという。

この停止現象が、古代人をして海の彼方と此岸とを結ぶものと考えさせたのではないか。

そこでこの日に祖霊も戻ってくるという古来の信仰が生じたと思えるのだが、一方仏教でも、この日を「到彼岸」(彼岸ニ到ル)日と考えたはずだ。「お彼岸」とこの日をよぶのは、その結果にちがいない。

潮の流れが止まる日こそ、彼岸に渡れると考えたとなると、その切なさは極まる。

彼岸の中日の前後が仏教では六波羅蜜《はらみつ》であり、それぞれ布施、持戒、忍辱《にんにく》、精進、禅定《ぜんじょう》(悟りを開く)、知恵の六つの徳目を修めることをいう。

そしてこの六波羅蜜を修めると涅槃《ねはん》の彼岸に渡れるとされた。

平定の海上と俗界の六徳の修行の成果としての「到彼岸」。これほどわかりやすい図式はない。

年間二回、正確に同じく真東と真西を結ぶ太陽の運行がある彼岸は、古来地球上でたくさんの地域の暦の基準とされた。それこそ日々の原点となり、秩序正しい一日だったからだ。この純正の日を生死を結ぶ聖日とすることも、わかりやすい。そこで古くはこの日が祖霊が戻る聖日とされたであろう。

ところが仏教では逆に俗界から彼岸へ渡ることができる日だと定めた。そしてやがて祖霊の帰還という信仰が消え、仏教上の往生が本来のこの日の役目と考えられるに到ったのである。

またこの日を仏教では涅槃の日と定め、それにふさわしいさまざまな想像をめぐらした。そのひとつが日想観《にっそう》だっただろう。落日を見て物事の真相を会得するという考えである。あの大阪の四天王寺は、古来荒陵《あらはか》とよばれる地に建てられたという(『日本書紀』)。これこそ本来祖霊を祭る地であったものが、仏教の彼岸の日の、真西に沈む落日信仰へと変っていった経緯を物語ると、わたしには思える。

五節句を始めとしてさまざまな節目の日が、祖霊祭りに結びついたり仏の信仰に移行していった日本。

これもまた渡来した節句の思想や天体上の特徴、また自然が示す様子を、心情の中で情調ゆたかに変容させていった、「情感の日本」のひとつの現われであろう。

三　衣装が担った身体の彩り

四季を迷彩服として身にまとう女性

現代サラリーマンは溝鼠《どぶねずみ》色の背広を着ているとからかわれる。そういわれながらも、サラリーマン自身は真面目さの証拠だとばかりに、気にしていないふうにも見える。ところが時代をさかのぼること千年、大昔の平安朝の役人や官女たちはきらびやかに美しい、色とりどりの官服を身につけていた。

とくに女性たちの十二単《じゅうにひとえ》ということばはよく聞くが、男女ともまけずにおしゃれだった。このおしゃれのひとつに、衣服の色合せがある。官服も季節に応じて色を換え、身分によって別々に色を定め、お祝いごと、人の死を悲しむ時などと、衣服の色を換えた。またいまでいう衣服のカラーコーディネーションも、じつに多様に行われていた。重ねて着る衣服の色の配合、これを「重《かさ》ね（襲《かさ》ねとも書く）の色目《いろめ》」とよぶが、それはそれは、驚くべき色目がある。

まずは単色の色自体の多様なよび名。その上に、二枚の布を重ねる袷《あわせ》によって色名を区別したから、色名はぼう大になった。

さらに模様を染めて名をあたえ、織り方を加わえて名をあたえると、色と模様の途方もない変化が生まれる。

ましてや三《み》つ衣《ぎぬ》（三枚重ね）、五《いつ》つ衣（五枚重ね）と重ね着をし、種類の違った衣服（袿《うちぎ》とか打掛《うちかけ》とか唐衣《からぎぬ》とか）を加えると、色彩や模様の配合はもう数えきれない。衣服はそれぞれ形が違うから、いっそう変化を多様にした。

驚くべき美への関心というべきだが、その中でも、袷と単とを区別して変化を楽しんでいることに、わたしは感心する。

単という肌着はあくまでも単色。だからベースの色といえる。その上に表裏で色のハーモニーを作る袷を重ねて着るという思想なのだ。

この装飾の知恵も、日本人の美意識のひとつである。

そこで重ねの色目にもどると、色目の名はほとんどが植物である。動物は「蟬の羽」（桧皮《ひわだ》色）と「虫襖《むしあお》」（虫青）ぐらい、自然現象も氷（白色）、枯色《かれいろ》（香《こう》＝香染めの色。黄ばんだうす赤色と青の重ね)ていどで、少ない。

色目の重ね方は文献によって一致しないが以下少しずつ長崎盛輝著『かさねの色目』を基に拾ってみよう。

春　梅、面柳《おもやなぎ》、花《はな》柳など

夏　若蝦手《わかかえで》、菖蒲《しょうぶ》、橘など

秋　花薄《はなすすき》、紅葉、菊など

冬　枯色、初雪、篠青《ささのあお》など

このそれぞれにまた区別がある。

梅　梅、梅重《がさね》、一重《ひとえ》梅、白梅、紅梅、莟《つぼみ》紅梅、裏陪《まさり》紅梅、雪下《ゆきのした》紅梅

菖蒲　菖蒲、花菖蒲、根菖蒲、破《は》(葉)菖蒲、若菖蒲、菖蒲重

紅葉　紅葉、蝦手紅葉、青紅葉、黄紅葉、捩《もじり》紅葉

菊　菊、菊重、九月菊、黄菊、白菊、紅菊、蘇芳《すおう》菊、莟菊、移《うつろい》菊

冬にはさすがに色目は少ないが、それでも枯色と枯野がある。

このなかで、梅があり梅重があるなど微細な区別が注目されるだろう。一重梅は表が白、裏が蘇芳(間に中陪《なかべ》を入れる三つ重ねの時中陪は淡紅《くれない》)で、梅重は表が濃紅、裏が薄《うす》紅(中陪薄紅)である。以下菖蒲も紅葉もそれぞれ、重ねの色が異なる。

冬の枯色は表が白、裏が薄色（または表が香、裏が青）、中陪は朽葉《くちば》だが、枯野は表が黄、裏が淡青または白である。枯色に対する枯野の色目は、まだ命がかいま見えるといった趣にとれる。なお篠青は『色目秘抄』では四季通用とする。表が白で裏が青である。

色名は近年さかんに作られるが、伝統の中ではここにあげたような植物やわずかの自然現象によって作られた。

つまり古来、日本人は自然な折々の季節の植物に包まれて、まるで植物の中に紛れ込み、季節を迷彩服のように身に重ねて、生活してきたのである。

このように自然に融けこんで生きてきた古代人にくらべると、茶色、青色、水色などと大ざっぱによぶだけの現代人を、同一民族と思うのさえむずかしい。大きな変容があったと考えるべきであろう。

表裏から発せられる奔放な配色感覚

とくに平安朝の色の区別はすごい。それ以前の日本人は原色が赤と青で、それに、何もない白と、すべてである黒を加えただけが色だった。それに対して平安朝の人たちは自然の植物が示すさまざまな色を加えて、植物に宿るかぎりの色彩によって、色を区別してよんだのである。

彼らはひとつひとつの植物の盛衰にも応じて複数の色目を考え、美しさを正確にとらえようとした。

たとえば蘇芳という植物がある。いまの蘇芳は別種とされているが、それにしてもあの赤紫の花の色を蘇芳色と一括しないで、濃《こき》蘇芳、中《なか》蘇芳、淡《うす》蘇芳とよぶ。

若葉の美しさをよぶ萌黄《もえぎ》も同じく濃、中、淡を冠して萌黄とよぶ。

蘇芳の花に濃淡があるわけではない。しかし色として蘇芳の濃淡を発見し、それぞれを色目として独立させた。

おそらく蘇芳を染料として蘇芳色をとり出そうとしたとき、作業過程で濃淡が見えたのであろう。その原体験をそのまま色として独立させたのが、色目としての三様の蘇芳色だろうか。

一方山野の芽ぶきには遅速や土地による色の区別があって、彼らはさまざまな萌黄色を実感したであろう。それを大ざっぱに一括して萌黄色とせず、三様の美しさとして色目をたてたのである。

自然を色彩として掬《すく》いとるときのこうした繊細な感覚こそ、日本美の原点にちがいない。

『万葉集』の人びと、すなわち平安貴族の先人たちも、いちはやく「紫の斑《まだら》の蘰《かずら》」(巻十二)

とか「紅《くれない》の薄染め衣」（同）とかと、染色としてそれぞれの色を知り、現に活用してきた。橡《つるばみ》（巻七ほか）も知っていたし、身分の差を衣服の色によって現わしたほどだった。

ところがいま、平安朝の人たちは、古来の布地の単色に対して、布を重ねることで、布地の色の美しさを、より複雑に構築し、そのひとつひとつに自然の色どりを発見したのである。しかも重ね合せのよび名は常識にとって意表をつくものばかりで、現代人をとまどわせる。たとえば牡丹重ねといえばどのような色を想像するだろう。表が薄《うす》（淡）蘇芳、裏が白または濃蘇芳。または表が白、裏が紅梅だという。

花薄《すすき》重はどうか。表が白、裏が薄花田《うすはなだ》（縹）または花田。はなだ色とは淡い青色である。正解できたろうか。豊かな連想力ではないか。

一方、濃淡による相違とは連続を示す。現代のことばでいえばグラデーションである。じじつ梅重という重ねの色目は、表が濃紅、裏が紅梅だから、グラデーションをもつ。

その一方で、牡丹や花薄にはそれがまったくない。

グラデーションを採用しながら、一方でまったく無視するという、まるで今日のモダンアートのような卓抜な独創性がある。

前述のように表裏の重ねとは、本来透き通る単を二枚合わせたものだから、表裏一体となって醸し出す色彩が、そもそもの狙いであった。

表の美と裏の美。

それぞれの発光源をもって照らし合う多様な光の中にありながら、古代日本人は奔放な身体の美しさを夢見たのである。

広く普遍を見せる重ねの色目

平安朝の貴族はなお衣の美を追求してやまない。二枚合せの布の美にとどまらず、十二単などという、空前絶後の装飾衣裳を彼らは考え出した。それは上着(打衣《うちぎぬ》)と肌着(単)との間の袿《うちぎ》のおしゃれが基本である。衣服は上着と下着で十分なのだから、実用品の間に芸術品をおしこんだのである。

おかげで十二単という女性の過剰包装ができてしまった。

しかし、それでいて基本は肌着の単にある。その上に袿として五つ衣を着るが、五つ衣は「重ね八《やつ》」となると八重に増え、さらに表着《うわぎ》を着、小袿《こ》を着る。この関係の中にも、配色が可能になり、なお打掛をかけ唐衣をつけて、いっそうカラフルになった。

あくまでも身体の輝きの増幅である。

古代の美女、衣通姫《そとおしひめ》は身体の輝きが衣を通して外に出たという。衣通姫の光を色彩にかえようとしたのが、五つ衣の美装だろうか。

さて、その美学には刮目すべき思想がある。まず「匂《におい》」という連続性。蘇芳の匂、紅の匂、紅梅の匂、萌黄の匂、紫の匂、山吹の匂のように(『満佐須計《まさすけ》装束抄』)。

要するに色彩を匂うように五色連続させて、別色の単へと送る配色である。紅の匂だけが同色の単だが、たとえば上から下の単まで、次のように五色を連ねるのが匂だという。

紅梅の匂　淡紅梅(より淡く)　淡紅梅　紅梅　同　濃紅梅

山吹の匂　山吹(濃く)　同(淡く)　同　同(より淡く)　黄

前者は色が淡から濃に匂いつづけて異色の単の青に到達するもの、後者は反対に濃から淡へと匂い、同じく青に達するものである。

そもそも「におい」など形の知れないものだから実現がむずかしい。「匂」の字も漢字の「勾《ひびき》」に似せた国字であるほど、日本人は「におい」をきわめて音楽的なものとして認識した。

右の五色は、それぞれにお互い響き合いつつ連鎖しているだろうか。

ところで匂といえば松尾芭蕉は連句で「にほひ付け」を主張したし、また、

そのにほひ桃より白し水仙花　(『笈日記《おいにっき》』)

とよんだほどだった。「にほひ」とは、かぐわしい彩りのことである。芭蕉の俳論は重ねの匂がヒントかも知れない。

つぎに五つ衣の重ねに「捩《もじり》」が見える。「捩り紅葉」とは、

青　淡青　黄　淡朽葉　紅

と重ねるもので、青から紅へと連続する中で、一度黄色に変えて一ひねりするところに眼目がある。漢詩の絶句ふうにいうと、起承が転をもって結にいたるのと似ている。起承転結は絶句といわず、広く文章の妙とされた。

先の色目と俳句との偶合が漢詩との偶合にも及ぶことは、広く芸術に通底する人間の美意識が、色目にあるというべきだろうか。

またつぎに「陪《まさ》(勝)り」という眼目も目立つ。「裏陪紅梅」とよばれる重ねは、上から一気に五枚淡紅梅を重ね、単に青を用いる。

「まさり」とは、この青が淡紅梅をつき抜けて表面の紅梅に広がっていく様子をいうのであろう。

前掲「山吹の匂」は単が青だといったが、「裏山吹」も単が同じく青でありながら、上の五つ衣はすべて黄である。「陪」とひとしい構造の一つが「裏」だったことになる。

のちの江戸時代に裏地は花いろもめんというおしゃれが流行した。五つ衣の重ねがその母体でもあり、上の俳句や漢詩に広がる類似性からいえば、裏なるものこそ輝き出すという美学を示すといえるだろう。世阿弥の「秘すれば花」ともひとしい。

さらにもう一枚を加えて六枚の「二つ色」という重ねがある。薄色(淡い紫)、裏山吹、萌黄のそれぞれ二枚ずつと単の紅重ねである。

かと思うと「色々」というよび名がすでに固定している。上から下へ薄色、萌黄、紅梅、裏山吹、裏濃蘇芳《うらこき》と単の紅。

色々といっても自由に何色でもよいというわけではない。

こうなるとまたしても芭蕉だが、

さまざまのこと思ひ出す桜かな　　（『笈の小文』）

という桜も、「色々」の色目の単と同じ紅色だから、芭蕉の句は「色々」の色目のもじりかもしれない。

このように重ねが広く文化の諸相とかかわることは、重ねが深く長く文化の底に根をおろして、日本の文化に共有されるものだったことを示しているであろう。重ねとはまことに絢爛、それでいて繊細な日本美の根幹である。

四　ひもを愛用する日本人

「ひも」の伝統をいつまでも捨てない

いつだったか、「あ、これが聖徳太子のバックルだ」と驚いたことがあった。例の紙幣にもなった太子像「聖徳太子及び二王子像」(宮内庁所蔵)の腰のあたりの拡大写真を見ていたら、何とバックルがあるではないか。腰の正面やや左寄り、花弁飾りの丸い輪に、留め金がきちんとはまっていた。ベルトは左後ろから伸びてきて、バックルより先の部分は正面を通って右手の袖の下に隠れている。その二重になった下のベルトには、いくつか四角形の帯飾りがはめこまれている。

もちろん全体の衣服は中国ふうの官服である。腰から長い緒で佩刀《はいとう》も吊っている。すべて唐様《からよう》なのだから、ベルトやバックルに驚く方がどうかしているかもしれないが、日本人を代表する古代の日本人が、騎馬族オリジンのベルトをし、バックルをはめていることに太子の立ち位置が見えた。太子は急進改革派だったのである。

いやむしろ、反対につくづく、帯でなければ日本ふうに見えないのだなあという実感も持った。

ごく大まかにいえば衣服を合わせる方法に、ボタンを使うのは乗馬服系のヨーロッパのスタイル、ひもや帯でしばるのは和服のスタイルといっていいだろう。太古の、頭からすっぽり被《かぶ》る貫頭衣だって、腰あたりにひもを結んでいたらしい。

だからこそ、一大改革をとげた聖徳太子時代にはベルトになっただろうし、ふたたびひもに戻った和装だったのに、同じく一大改革だった明治の文明開化の時代に、またひもを斥けてベルトとなったという変遷もわかる。

ところが今、日本人は男女ともいまだにひもや帯を捨てがたい。つくづく「ひも日本」と思うが、日本女性の和装は、ひもの多さが世界一だと聞いた。杉田久女の名句、

花衣ぬぐやまつはる紐《ひも》いろいろ　（『杉田久女句集』）

「桜の花を見て来て、その衣を脱ぐ。するともつれるようないろいろの紐」がもてはやさ

れる理由も、この日本人の根強いひも文化の伝統にある。

それでは、こんなに日本人が愛着をもつひもとは、一体何物なのか。

そこで思い出すのは衣服の起源である。人間だけが衣服を着るのはなぜか。

最近もゴーギャンのタヒチの画をまた見ていて、裸がふつうの島の人が、一本ひもを体にまきつけているのを見た。やはり、人類最初の衣服とは、体に巻いた一本のひもだという学説は正しいのだろう。

衣服は何も防寒から起こったのでもなく、護身用でもなかった。きわめて精神的で象徴的な物だったことになる。

このことについては短文を書いたことがあるので見ていただけるとありがたいが(中西『日本人の祈り　こころの風景』)、一本のひもは古くは貞操帯であり、中世ではマリアの純潔の象徴となり、近くは日本の若い女性の、誇らしげな多彩で巨大なお太鼓帯となる。

平安時代の十二単は、あれほどの襲《かさね》着をしながら、帯は一本だったらしい。これとても非労働着としての象徴性の強さを感じるが、一方その後の和装では、これでもかこれでもかと言わんばかりにひもを多用する。これは、むしろ心のおしゃれだとわたしには思える。

日本人は一旦ボタンフックにベルトのスタイルを輸入しながら、貫頭衣をしばった荒縄よろしく、華麗なひもを幾重にも巻きつける。そこに、いつまでもひもの根源を持ちこしながら、どんどんと衣服を発展させていく、この国の人情がありありと見えるではないか。

神聖視されたひも

だからひもを語ることは、この日本人の心の歴史をなぞることになる。その、快い語りを、少し許していただきたい。

すでにひもが衣服の起源だと述べたが、もうひとつ、ひもは模様としても最初に登場する。縄をひもの仲間と考えると関連するもののひとつに、縄文土器がある。およそ一万年も前に、日本人は縄文時代をもち、その名づけ役となった縄文土器を使っていた。

ところでこの縄による模様は、ごく初歩的な模様だとされることもあるが、簡単な模様なら表面を楔形《くさび》に掻《か》く方がもっと手早い。これなら初歩的な模様ともいえるだろう。

しかし日本の土器模様は初歩的な縄文から進歩した弥生土器の模様になるかというと、弥生土器は無文になってしまう。両者はまったく別種の人びとのものだったのである。

縄文は縄文人たちだけが所有した縄文人を特徴づける模様で、それなりに高度な段階まで、成長をとげた。

縄文土器は単純どころかみごとな火焔模様ももつ。むしろ、この信仰的な造型とあい呼応するものが縄の文様だということになる。

その信仰的な造型とは、縄が火焔同様神聖だったことを意味する。縄は要するに緒《お》とよばれるものの一種で、長くつづくものを古くから日本人は緒と総称した。「息の緒」とか「伴の緒」、式子内親王のお歌で有名な「玉の緒」とかと。

縄文とは、この永遠のシンボルを土器に刻みこんだものであった。火焔とは瞬間を燃え盛るものであり、緒とは永遠の連続の象徴として、両々あい俟《ま》つ両者が、賛嘆と祈りをこめて、刻みつけられたのである。

蛇も古くから神代《かみしろ》であったが、蛇は古く「くちなわ」といわれた。朽《く》ちた縄のようだからと通常解釈されている。この蛇も信仰の対象とされたことは、三輪山伝説や出雲大社の信仰に見られる。

またひもは結ぶ役割をはたした。「結ぶ」とは生産することを意味する。結ばれる以前は双方別々の物だが、一旦結ばれるとひとつの物として、新たに誕生する。縁結びはもっとも解りやすい例だろうが、草と草とを結んでも同心の草とよんで、二人の人間が結ばれる願いを託したこともある(中国、隋の煬帝《ようだい》など)。

同心の草は今日も草を結ぶ遊びに名残をとどめているが、同じく遊びの「あやとり」も、そもそもは結ばれたひもが、形をかえつつ永遠にありつづける様を実演する遊びである。受けとって造形できなければ、永遠は保てない。古くケルトに組紐模様が複雑なまでに文様化されたのも、そのひとつにすぎない。

永遠とは命を産みつづけることと、ひとしい。

このひもの緒としての永遠性と、結ぶものとしての生産性こそ、人間にとっての根源的な願いにちがいない。その実現を託したひもは人体にまず付けられることとなったが、さらにひもは表象として多くの役割も担った。

表象などというとややこしいが、要するにひもはしるしだったのである。そのために「しめなわ」とよばれる物も、日本人は作り出した。標《しめ》、目印としての縄だが、「しめ」とは「占《し》め」、つまり占有することのしるしだった。

おもしろいものが現在も使われている結界石だろう。建物の周りなどに石をおいて、その内側は聖域だから出入禁止だと主張する習慣である。

それならただ石を並べておけばよいと思うと、点々とおかれた石は、ちゃんと黒い縄で結ばれている。つまり「しめ縄」をもった石だから「しめ」となって占有のしるしの役割をはたすという次第である。

石は二次的な物、大事なのは石にまかれた「しめなわ」だった。

それほどに大事だから縁起よく「七五三《しめ》縄」と書かれることもある。

神殿の前に「七五三縄」が張られるのも、聖域のしるしであり、上に述べた、腹に巻かれた一本のひもも「しめ縄（ひも）」として神聖さを表象する物だったのである。

この一本のひもは、部厚く衣服を重ねる時代になっても「下紐」とよばれ、お互いに男女が相手のそれを結ぶように、神聖視されて伝えられた。愛の表象としてひもが用いられたのである。

翻って中世ヨーロッパでは十字軍が物々しい金属製の貞操帯を考えた。わたしも博物館で実物を見たことがあるが、それに対して日本人がたった一本のひもを畏《おそ》れた精神性を、思わずにはいられなかった。

もちろん上述のマリア像は象徴的であった。何が、十字軍の物のように変らせたのだろう。

ひもにこめた美学

それに対して日本人は、ひもを美しく工芸化しながら、なおひもに熱い心情をいだきつづけて、装飾性を深めていった。

すでにいち早く縄文時代の縄が、単なる実用のものではなく、土器にも十分に装飾に用いられるほど、加工され造形されていたことは、今日出土している縄文の遺物からも、わかる。

北海道の縄文早期、東釧路式の壺には三本のひもをもって作られた「平組《ひらくみ》ひも」の圧痕《あっこん》が認められ、東京都の飛鳥山公園内の貝塚出土の深鉢その他には、四本のひもをもって作られた「丸組ひも」の回転圧痕があるという(額田巌『ひも』)。

そして後のち、ひも作りを専業とする職人たちは、ひも自体を撚《よ》り、組み、編み、からめて多様な一本のひもを作り出した。

これらは総称して組紐とよばれるが、さてその組紐とは三つ組四つ組を基本にひもを組んでいくので、当然のことながら、それぞれのひもが斜めに組み合わされながら、ひもを長くしていく。そこで基本の形は、ジグザグに交わり、さながらに雷文《メアンダー》を作り出すこととなる。あの、稲妻が斜めに曲折しながら走る形である。組紐とはおのずからに雷文形を作り出すことだ。それは、現代の幣《しで》が紙に切り目を入れて稲光りを形どるのと、きわめて似ている。

職人たちは、この聖なる形の上に、色をかえ、間隔を按配しつつ、組紐を美しく装飾品へと導いていったと思われる。

その装飾化には、ふたつの特徴があった。

ひとつはくり返し言う聖性が求められつづけたことであろう。上述のあやとりこそ形をかえつつ、永遠、連続を示すもので、古くは海外でもケルトの組紐模様が有名だが、日本でも一本のひもを幾重にも絡ませて美しい複雑さを工夫する。出来上がったものが、迷路のようなひもの筋を示し、どのようにひもを通したかを当ててみよといわんばかりのクイズ仕立てだと思うのは、わたしだけではないだろう。

水夫《かこ》や水兵が堅牢に綱を結ぶのは、生命がかかっているからで、実用上の結び方かと思えるが、そこにも安全への祈りがあることを忘れるわけにはいかない。

そしてもうひとつは、実用をこえて美しく結ぶことへの志向である。だれでもがその度に美しいと思う結び方は「蝶結び」ではあるまいか。これほど美しい見立ては、ざらにあるものではない。

のみならず日本の結びには、何と見立ての多いことか。

同じ蝶でも胡蝶結びもあり、動物では兎結び(耳を左右に出す)、鈴虫結び(三重ねの輪を作る)もある。矢羽形に固く巻けばにな(蜷)結びだし、大きく輪を作ればあわび結びである(もっともこれは葵《あおい》結びという方が、形が似ている)。

いとゆう結びというのは糸遊(かげろう)を連想させるからだろう、糸を揚巻《あげまき》形に結ぶ物のことを言う。揚巻きは子どもの下げ髪のこと、そう思ってみるとそう見えるのが楽しい。

見立てはなかんずく、日本人の特技ではないか。

また、装飾性は「余り」にもある。仏前の華鬘《けまん》も長く垂らすひもをもつが、町人に発展した五メートルにも及ぶ名護屋帯(額田前掲書)も余りの美のひとつだろう。

かと思うと、和服にいう隠しひもなど、文化の最たる物のように思う。「隠す」ということの装飾性まで、ひもは獲得してきた。

ひもの多用、ひもに託した見立てや無用の用、明滅による遊びにいたるまで、日本のひもへの情感はこまやかで深い。

五　紋章にこめる日本のデザイン

神仏の加護を願う象徴としての家紋

いまでも日本人は着物で正装するとき、背中や胸、袖に家紋をつける。その家紋のデザインの大胆さ、また的確さはすばらしい。これはデザインの日本独自の完成ではないか。

ところが一方、家紋とよばれるものを考えてみると、出発が世界的な神仏への信仰であることにおどろく。

そもそも日本では十一世紀のころ、藤原実季《さねすえ》（一〇三五～一〇九二）という公卿《くげ》が牛車《ぎっしゃ》に「巴《ともえ》紋」を描いたのが家紋の初めだというが、この巴紋――火の玉が尾をひいて向き合うような形は、古代の曲玉《まがたま》に似ている。また「魂《たま》の緒」だとか胎児の形だとかといわれる。いずれも神秘の気持ちをこめたと考える説だ。

水神のしるしだとする説もあるが、日本では今や広く神社一般の紋と思われている。ところがこの模様は中央アジアや、黒海ほとりのスキタイ文明、周代の中国文明にも見られるという。わたしはアイルランドのケルト教会でさえ見たことがある。

人類はこの模様と世界的に五千年間つき合っていることになる。

このように日本の神さまが「巴紋」をシンボルにしたのに対して、仏さまには「卍紋《まんじ》」を使う。家紋としては蜂須賀《はちすか》家などがこれを使ったが、そもそも卍は雷神の形だった。それが古代ローマ以前のエトルリアで信仰され、世界にひろがった。

また星占いに由来するのが「九曜紋《くよう》」(細川家ほか)である。中央の大きな黒丸を八個の黒丸が囲む。これは中国の『宿曜経《すくようきょう》』にもとづくもので、北極星の信仰——妙見信仰による。

信仰にもとづく紋は他にも多い。古く、天皇家の紋として用いられ、のちに秀吉が使った「桐紋」は、鳳凰《ほうおう》という霊鳥が桐にとまるという中国の瑞祥《ずいしょう》思想にもとづく。

直接の「鳳凰紋」もある。

家紋で「寓生《ほや》」とよばれる模様の寄生木《やどりぎ》(宿木)も、ケルト人をはじめ広く古代ユーラシア大陸また日本でも、永遠の木とされたものであった。

ケルトのケルティック・ニットといわれる連続の組紐《くみひも》模様は永遠への信仰として有名だろ

う。どこまでいっても切れない。遊びのアヤトリがその名残りだが、これまた日本では「宝結び」とよばれる家紋として残っている。

ふつうは白抜き、紐状の紋だが、菱《ひし》型に変形したり(「角宝結び」)、まわりを「石持《こくも》ち」(黒《こく》餅《もち》。黒四角の中央を白く丸く抜いたもの)にした中に黒い角宝結びを描いたりした。先の巴紋といい寓生紋といい、古代ユーラシアの祖型文明としてのケルト文化が、家紋に深く影をとどめるのである。

このような信仰心は、神紋をそのまま自分でも使おうとする気持ちも起こさせるのだろう。そこで神社から下賜されたり、また下賜を詐称《さしょう》したりして神紋を使うようになった。徳川の「葵紋」は下鴨神社の神紋、紀州雑賀孫一《さいかまごいち》の「八咫烏紋《やたがらす》」は熊野本宮大社の神紋である。また「棕櫚《しゅろ》紋」は浅間神社、熱田神宮の神紋や、宮司家の紋であった。

そうした下賜紋を使う場合に権威づけとなる神話があれば、なおのことよいはずだ。葵には天に昇った神を降臨させようとして葵などを供えたという独特の神話がある。八咫烏には日本初代の王を危機から救ったという神話がある。三本足に描くのは、三本足の烏が太陽の中にいたという中国神話があるからである。棕櫚の扇といえば山の神、天狗の持ち物、その力も借りようというものだろう(異説もある)。

こうした家紋と信仰心の深いかかわりは片喰《かたばみ》にきわまるだろうか。片喰は全家紋の中でトップの九・二七パーセントを占める（高澤等『家紋の事典』）。

なぜか。片喰の葉は真鍮《しんちゅう》を磨く材料だった。酢漿草《かたばみ》と書かれるように蓚酸《しゅうさん》を含んでいるので鏡を磨くのに効果があったからだという。

神体でもあり、光り輝くものである鏡。その輝きを生み出す草となれば、聖なること、この上ない。その上、武者の時代に及んでも、研磨材として効用は不変であった。

こうして、日本の家紋は原初の性格を普遍的な信仰におき、その上で独特のデザインを発達させた。

この高度な精神性をもって「紋付き」の衣服は正装に昇格した。その中で五つ紋の最正装ともなると、もう全身が神仏によって加護されるのである。

家紋に命を託した戦国の武士たち

日本が四百年におよぶ戦乱の時代を経験することによって、平安期に発生した家紋は、急激に数を増した。

彼らは生死をかけて戦ったので、幸か不幸か、精神性の高い家紋を、いっそう必要としたためである。

しかも家紋は乗物から旗、陣幕へと所をかえて用いられた。その者ないし集団が敵か味方かを知るためだったというから、殺すか殺さないかの識別に家紋が用いられたことになる。信仰と通底するにせよ、家紋は護身や必殺の具体的な呪符と変わっていったのである。

一つの例として蝶の紋をあげよう。やがて平氏と直結するこの家紋は、本来、平貞盛(?～九八九)が戦功によって拝領した鎧《よろい》の模様だったという。以後平重盛(一一三八～一一七九)は鎧の下の直垂《ひたたれ》の袖に「蝶紋」を描き、その後源平をとわず「蝶紋」をつける時期があった。源氏が笹龍胆《ささりんどう》にきまる以前である。

この段階までは、蝶は変身をとげ異界へと飛翔するふしぎの虫であり、多分に神秘力が賛えられていただろうが、やがて源平を識別するものとなり、合戦で対峙する時になると、もう転生をこそ頼む、永生の呪符となったのだった。

蝶もまた、本来世界を背負った図形である。古代ギリシャでは蝶は呼吸であり、魂の姿であったが、中国でも生命は「物化」によって人間となったり蝶となったりした(『荘子』)。右にあげた貞盛や重盛のころの日本でも、大江佐国《すけくに》という人は、花を愛し魂が蝶になったという(『発心集』)。

しかし室町末の乱世を迎えて死が必定となった日本人は、転生の前に、むしろ安らかな死こそが必要だったはずだ。

それは一見ふしぎな真田《さなだ》氏の「六連銭紋」の旗差物に、いっそう明瞭である。六文銭が三途の川を渡るために死者に持たせるものであることは、いうまでもない。賽銭を旗印として戦うとは、すでに死を覚悟している証拠である。みずからの命の喪章が、この時の家紋であった。死に命をかけよ、そのことが、あるいは死中に活を見出すことになったかもしれない。

もちろん戦は勝つにこしたことはない。蜻蛉《とんぼ》(「対《むか》い蜻蛉紋」など)は、勝軍虫といわれ、太古銅鐸《どうたく》に描かれたように豊饒をもたらす虫だから、蝶同様の武士の衣服の飾りから、家紋へと発展していった。戦乱の時代、家紋は死を必定としながら生を祈る時に要請された図案だったのである。

そこで目をひく事柄がある。戦国のころ、折しもヨーロッパからやってきたキリスト教が、ここで大きくクローズアップしてくることだ。

キリシタンは江戸時代に及んで二十万人が無惨に弾圧された。大名の高山右近さえ、国外追放になる。

ところが九州を中心として、隠れ燈籠とひとしい「隠れ家紋」がおびただしい。家紋などに少しでもクルスを見せれば、キリシタンであることは見え見えではないか。中川氏の家紋を見ておどろいた。名も「中川久留子《くるす》」という。調べると他に単純な「十字久留子」も「花久留子」、「桛《かせぎ》（Iの字形の糸巻きのこと）久留子」もある。

一方クルスを隠しながらクルスといわない家紋も少なくない。九州柳川藩の「立花紋」、雄藩岡山藩などの「池田紋」など、装飾的に複雑になっているけれども、クルスをカムフラージュしたことは紛れもない。

そしてこれらに限って「〜守《まもり》」というのも無視できない。「立花守」、「池田守」、「因州守」といったように。

じつはこの図柄はおおむね京都八坂神社の「祇園守」と類型をなす。つまりは祇園の守紋に身をよせて保身を試みたのだが、一般の家紋が神仏を頼りながら「守」といわないのに対して、キリスト教ではあからさまに「〜守紋」というのである。

すでに原初の紋の象徴性は、現実の効用へと姿をかえている。

しかも守紋として複雑な図柄が平和な徳川時代になってから多くなるのは、祈りの形が装飾へと変化したからである。

小空間にこめた緻密な情感

それにしても、家紋をデザインとして見ると、これほど形というものを手玉にとって、精緻に美しい小空間を出現させたものは、他にないだろう。

その巧妙さの第一は、とにかく逆説的な白黒図案《モノクローム》にある。モノクロームの中に牡丹も梅も咲き、まっ赤な紅葉がある。山もあれば波もある。日と日足《ひあし》によって表現される太陽も輝いてくる。


色彩とは造形から生まれるものであった。

その造形の第一の特徴は、極端な単純化や対称的《シンメトリカル》な秩序によって、家紋が幾何学図形に統一されている点にあろう。

そもそも万物は形も多様で無秩序。幾何模様などしていない。色彩も多彩だ。それを小空間におし込めるためには、よほど雑多な物を捨て、中心だけを描くことになろう。いきおい写実的ではなく、抽象的となる。

たとえば「蛇の目紋」、「霞紋」、「雁金紋《かりがね》」、「枡紋《ます》」などにはきわめて大胆な本質化がある。というと近代以前の日本画はまさに抽象の手法で名画をつづってきた。浮世絵もそのひとつであることが思い合わせられる。家紋は日本画の伝統の精緻な凝縮であった。

第二にわたしが感心するのは見立ての手法である。たとえば昔のはかりの一種、天秤には分銅《ふんどう》というものがあった。一定の重さがわかっている物の片方に品物をのせて平衡になるところが、品物の重さである。

総陰片喰紋

抜け九曜紋

分銅桜紋

この分銅は丸形ながら中胴にくびれがある。そこで五つの分銅をぐるっと輪にするとまるで花弁五つの花のような形になる。

この瞬間、分銅は桜になった。この紋を「分銅桜」という。造形することの戯れが見える。

すべての形の中に花を発見することは、紋の案出者――上絵師《うわえし》とよばれる匠《たくみ》――の技としてもよいだろう。彼らのみごとな文化度だった。

紋として花は名のらないのだが、たとえば頂上を一点として山を三つ集めてみよう。まわりを前述の石持ちにしてみると、山の稜線によってY字形に線が入った三弁の花のように見える。しかも頂上を富士山のように三峰にしてみると中心に花蕊《かしん》をもつ花となる。

これも花としての、山の見立てである。

「抜け九曜紋」は九つの黒い太陽を寄せ集めたのだが、何と日蝕の太陽が放つ光芒の姿にみえる。

もうこうなると、わたしたちは巧みさに絶句してしまうしかない。

もうひとつ、家紋を豊かにするデザインの第三に繊細な変形《デフォルメ》がある。たとえば上述の片喰にしてもふつうは三つ葉をよせたものだが、葉の縁取《ふちど》りを少しずつ細くする。

そしてそれらをどう名づけるかというと、陰《かげ》片喰、中《ちゅう》陰片喰、太《ふと》陰片喰。ちなみに総陰片喰というものもある。この変化の中に、太陽が葉を虫ばむように暮れていく夕方の光の中の片喰が、浮かんでくる。

さらにすべての紋に枠ぐみの多様さが加わる。枠にも丸や角《かく》があるだけではない。子持ち輪とか隅《すみ》切り角とかとある。そこでまさに千変万化の図柄ができ、家紋は二万種類をこえるといわれる。

わずか数センチの空間でこれだけの美を濃縮し、丹精をこめてきた日本人の情感の豊かさは、類い希なものがあろう。

そんな情感を日常生活の中に湛えて、乱世や浮世を生きぬいてきた日本人を、わたしは尊く思うのである。

六　日本人の行動美学

待遇を尽くすという「もてなし」

いま国際化が進んだおかげで、国と国との待遇関係がかえって大きな課題となっている。もちろん待遇の大事さは、ひとりひとりの人間どうしから始まるから、歴史は古い。日本の神話にも、こんな話がある。

むかし神様はあちこちと巡行したから、ある時、富士山へいって一晩泊めてほしいといった。富士山はいやだといった。そこで神様は筑波山へいった。すると筑波山は喜んで巡行する神様を泊めて歓待した。その結果後のちまで、富士山は草ひとつ生えない山となり、筑波山は青あおと草木の生いしげる山となった、という。富士山は待遇が不十分で、筑波山は待遇に成功した話である。

もっとひどい話は、おなじみの「美女と野獣」で、ある城の王子は泊めてくれといって来た、みすぼらしい老婆をことわったばかりに、老婆に変装していた仙女から野獣にされてしまう。愛の心の一かけらもなかったからである。

彼がやっと人間に戻れたのは、女性を愛したからで、愛こそが人間のしるしだという物語である。

わたしたちはこれほどに東西ひとしく、外来者を十分待遇すべきだということを言い伝えている。外交とは、この神話の延長線の先にある課題である。

さて、これほど大事な待遇を、日本人は「もてなす」ということばで表現してきた。いまでもごくふつうに、「おもてなし」という敬語まで作って、日常会話をする。

ではもてなしとは、どんな内容なのだろう。自然に考えると「持つことを完成させる」ことになる。古来、他人の取り扱いを十分に尽くすことが待遇だと考えたのである。

ただ、いま通常「もてなし」にあてはまる漢字として饗を考えるらしい。たしかに「何のおもてなしもできませんで」などというと、お茶ひとつ出せなかったということになるだろうが、「もてなし」は食物や飲物を出すだけではあるまい。神話が教えてくれるように、愛をこめて人間らしくふるまえばよいので、その中に茶菓があってもなくてもいい。

対応が十分ならばよいという、日本語の「もてなし」に、わたしは、じつは感心している。

往々にして、「もてなし」は「ふるまい」といいかえられるが、「ふるまい」も本来の意味は別だ。こちらは「立居《たちい》、振舞《ふるまい》」というように身のこなしが中心で、むずかしくいえば「挙措動作《きょそどうさ》」とひとしい。

しかも、「ふるまい」には華やかさがあるが、「もてなし」は控え目である。もっぱら内面的な心の状態をいうのだから、外見に現われるものとは違う。

そこで「もてなし」が「わびさび」を尊ぶ茶道の中心にもおかれていることもよくわかる。先ほどあげた「何のおもてなしもできなかった」ことが、お茶ひとつ出せなかったことになるほど、茶は「もてなし」の別名にすらなっている。

京都ことばとして評判が悪い「お茶でもあがっていって下さい」という挨拶も、じつは根拠があった。少しでもおもてなしをさせて下さい、という願いだったのである。

待遇を「もてなし」という日本人の美しい集約に、緊張した行動美学をおぼえるのは、わたしだけだろうか。

貧しさを飾りとする「やつし」

美しい集約のなかに緊張感があるといったが、じつは集約の緊張感と同じ仲間の感動は、日本人の美学のあちこちに見られるのではないか。

その最たるもの、だからとても難解なものが「やつし」だろう。漢字でかくと「窶す」「俏す」となるから、いっそうむずかしい。

しかしいままでもりっぱに生きていることばで「やつれ果てた姿で帰ってきた」、「恋にやつれて」などというせりふはよくきく。

要するに「やつす」とは見すぼらしい様子をすること、「やつれる」は見すぼらしい様子になることである。

だから少しもいいことはない。

『源氏物語』でも光源氏が地下《じげ》の女の許をおとずれる時に、車をわざと「やつし」て出かけるように、方便として使われることになる。

しかしわたしが結果や方便とばかり思い込んでいたむかし、「やつし」が歌舞伎で重要なテーマになっていることを発見して、遅まきながら驚いたことがあった。

たとえば「義経千本桜」。この芝居では、天下の武将、平知盛が身をやつした庶民の銀平と同一人物である。

これは「銀平実は知盛」といって観客を納得させるタイプの筋で、歌舞伎に先立つ能や浄瑠璃からの伝統を引く。

能の「二人静」では吉野で菜摘みをしている農家の娘が静御前だったりするように、虚実二面を演じる複式能からの歴史もある。

物事も人間までも、すべて虚実の両面をもつのだから驚くにあたらないのだろうが、さてこの「実は」で結ばれるふたりの人物が、歌舞伎では一方の、身を「やつし」た姿となり、「やつし」方の基礎が、延宝年間（一六七三〜一六八一）の上方歌舞伎に登場し、それには「初世嵐三右衛門が大きな役割を果たした」（『世界大百科事典』）となると、「やつし」が日本人の世界観の表現として重みをもってくる。

とくに「やつし」が歌舞伎の大きな骨格のひとつとなっていることは、歌舞伎という演劇が過去の歴史を翔けめぐって、あれこれと趣向をこらすことを特徴とする以上、当然のことだろう。

そこでその根底にある変身願望を見のがすわけにはいかない。

先にあげた『源氏物語』の例は見すぼらしい姿をするのだからやつし方としてごく普通のことだろう。ところが古典の多くは「現実の衰退のやつれ」を気づかう一方で、むしろやつれを容認し、それ相応の「やつれ」を期待するようになる。

むしろ趣の深さとなると完全に「やつれ」に変身したい。けれどもできない。「置かれた深刻な状況を越える鷹揚さや軽味、おかしみが、演技に要求された」（同上）というとおりであろう。

さてそうなると、「やつし」とはそれ自身が願望され、それこそが美しいのだという美学も生れかねない。

現代でも京都、大阪の方言で、おしゃれをすることを「やつす」というのは、その名残りだろう。そんな高級な「やつし」の発音をこの紙上では再現できないが、京都の友人が何ともいえないイントネーションで「えらいやつしやなあ」といってみてくれた。こどものころ、同級生がいい服を着ていたりすると、そういったという。

もうこの段階では零落した姿などという元の意味とは正反対に、はではでしい下品さのない、美しい身なりをさす。すでに十七世紀から日本人は、そんな美しさに気づき、歌舞伎の舞台を文字どおり檜舞台として、この身なりの美学を日本中に広めていったらしい。

日本人は何気なさを尊ぶ。だから見えないところに、ちゃんとおしゃれをしている。裏地に花いろもめんを多く使った。衣の裏がちらりと見えると、一面水色なのである。明治時代を回想した「外套の裏は緋なりき明治の雪」という山口青邨の名句もある。

最近のクールビズもネクタイという主役中の主役が退却させられたあとに、ジャケットの裏に凝《こ》ったデザインがきわだって多くなっているのは、あっぱれ「やつし」の伝統である。

だからこれも一気に、「やつし」とよんでしまおう。おしゃれという変身願望を見えない空間に押し込めてしまう、日本人の「やつし」の行動美学は、今日も健在である。

好色から道楽まで「すき」の持続

茶の湯にしろ歌舞伎にしろ、その歴史は中世以降になるが、一方古代以来連綿として日本人の行動の美学の中心を占めてきたものは「すき」であった。

「すき」はやはり好色のことをさす(『源氏物語』薄雲)のが主流だろう。とくに和歌が恋歌の中で「すき」の気持ちを歌ったものだから、「すき」は和歌と一体となって日本人の中に保たれてきた。

平安時代以降、生活の傍らには仏教があったのだから、日本人の「すき」の隆盛は仏教も根幹のところで日本人の心をすべて奪いとれなかったことを示す。

釈教歌《しゃっきょうか》その他、むしろ仏教を和歌化する方が強かったと見える。

ところが、和歌は十四世紀、連歌に歌の首座を譲る。すると「すき」は連歌の別称といってもよいほどに成長した。

おもしろいことに連歌に打ち込んで家をかえり見ない男が狂言に登場する。連歌は天下御免の「すき」であった。

さらに連歌の愛好にとって代って、茶の湯が上流階級の嗜みとなると、数寄屋《すきや》まで出現する。すでに完成していた、いわゆる書院造の中に茶の湯を喫する座敷がくみ込まれ、一時は数寄屋造とまでいわれたほどに、書院造の一角に主要な位置を、「すき」は占めたのである。

もちろん「すき」の数寄屋造りには草庵ふうな独立の建物の伝統がある。今日になお保存されつづけている妙喜庵(京都府大山崎町)の待庵《たいあん》(千利休作)は「こけら葺《ぶき》、色土壁で、床框《かまち》に自然木、垂木《たるき》や竿縁に竹を用い、内部土壁に大きな藁《わら》のすさを見せる」(藤田勝也、古賀秀策編『日本建築史』)。

わたしも二十年ほど前、内部を拝見したことがあるが、この自然の風趣の再現、狭小ながらゆとりを感じさせる曲線の利用など、小宇宙を感じさせるに十分なものがあった。まさに徹底した「すき」の世界の構築だった。

この「すき」の小空間の構築が、わび・さびの茶の理念と合致するものであることは、いうまでもない。後に詳しく述べるが、わたしの考えによると「わび」とは死に絶えるほどの情感であり、「さび」とは何の虚飾もない、そのもの自体のありさまを指すものだから、茶室は人がいるのさえ不自然な、表現は極端だが死の静寂にみちた空間であることが望まれたのである。

そこで人影さえ絶つような空間が、なぜ「もてなし」になるのかと、ふしぎがる人がいるかもしれない。わびさびは他人を排斥するのではないか、と。

そうではない。この徹底的な簡素化、虚礼を廃止した「やつし」が反って本当の人間味をよみがえらせ、静かに茶を喫する「もてなし」が人間の和をもたらす。そのためには、いまの裏千家宗家の表現によれば「和敬清寂」の気にみちたものでなければならない。

このような清寂は精神の集中の中にしか、ありえないだろう。俗世の中にあるはずはない。そのためにはひとりひとりが「さび」なければならない。これも人間が虚飾の世界から自然の元に戻る手段である。この手段ののちに相客《あいきゃく》へのもてなしも可能になる。相客への待遇が本物になるのも、この寂莫の中であろう。

「すき」とはこの本物へと人をさそう、没入のすすめであった。

ところで数寄屋造について、近年では細かく手をかけた、高額な費用によって建築された建物のことを「数寄屋普請」というらしい。そうなると精神性を中心とした「わび・さび」の建物とは逆になる。こんな物も構えたという、いわば「道楽」になりかねない。

わたしはそれをよいというのではないが、「道楽」という「すき」のもつ一面、何の目的も効用もない趣味性が日本人の行動美学のひとつとして厳然と存在することは、大事だと思う。

「もてなし」も「やつし」も人間関係の中に成り立つ。この生活性のなかで待遇を気づかい、表を避けて満足を裏側に廻す「やつし」も美しい人倫である。

しかしもう一方で、個性に没入して生きる倫理コードを日本人がもつことも、大事であろう。図らずも「好きこそ物の上手なれ」ということわざがあるではないか。

第三章

思想

多重塔の姿の極みである談山神社の十三重塔
（室町時代再建　写真：談山神社）

一　神殿のコスモロジー

山合いの深奥《しんおう》に水たぎつ処の神

一本の川は山から海へと流れ下る間に、たくさんの支流を集める。たとえば奈良県では、諸川を集めた初瀬川、佐保川、曽我川、高田川がさらに合流して、一本の太い大和川となる。

そこが河合町である。その後大和川は県の西境に屏風のようにつらなる金剛、葛城の連峰にさえぎられ、狭い山合いに集まり、激しい水流となって、大阪へと流れくだる。

おそらくこれら川の合流点は豊かな潤いをこの地にあたえ、時として豊かなみのりを、しかし時として洪水の災害をあたえてきたことだろう。

そこで古代人は河合に神を祀った。豊饒と災害という農民にとっては両極端の結果をもたらす神をあがめることで、幸福を祈ったのである。

災害さえ防げば、合流による生産性の豊かさは、願ってもない。大和の廣瀬大社のような河合の神は、より多く生産をもたらす神と考えられたはずだ。

ところで、あの縁結びの神、出雲大社も本来合流点にあったという。いまは吉野川と素鵞《そが》川が神殿を挟むように並んで南下しているが、四〜八世紀のころは社殿が「Y字形に川の合流（する）点」にあったとされる（松尾充晶）。

しかも復元図によると、いまの拝殿はみごとなばかり、合流点の真上にある。拝殿がなかった古代では、拝跪《はいき》すべき、ただ一点こそ川の結合点だったということだ。

わたしがこのみごとさに息をのんだのは、いうまでもない。

しかし、この辺りを調査した大林組によると地盤は弱く、げんに神殿は平安時代の中期から鎌倉時代の初めまでの二百年間に六、七度倒れているという。

にもかかわらず、このような山間の合流点に、太古以来出雲人は神を祀ることをあきらめなかった。

なぜか。

この山間の地に沃野のような豊かな収穫を願うことはまったくありえない。となると、残された意味は、土地そのものへの畏敬にしかない。

いま大社は背後に八雲山を背負い、東西をふたつの山（いま、亀山、鶴山とよばれる）によって囲まれた山合いにある。反対に野から見れば、古語の「入野《いりの》」にあたる。『万葉集』の有名な歌、

あが恋はまさかもかなし草枕多胡《たご》の入野の奥もかなしも　（巻十四）

「私の恋は今もかなしい。草を枕の多胡の入野の行く末もかなしい」でいえば、悲しいまでに奥深い野が入野であった。

そこで神秘な奥といえば、この地形はただちに飛鳥に出土した酒船石遺跡の亀形石槽を連想させる。入野ではないが、谷あいに泉がわき、左右に石段を積んだ中央にすえられるのは、すっぽん型の水槽である。わたしは、ここで即位儀礼などの禊《みそぎ》が行われたと考えてきた。

八雲山の地形はこれとひとしい。すなわち大社は、生産性などと効用を言い立てる以前の、根源の玄牝《げんぴん》を尊崇する社《やしろ》だったのである。

玄牝など中国の古典『老子』のことばをかりてしまったが、玄とは微妙で奥深い作用をいい、牝とは「受くる所あつて、よく物を生む者」のことだと、宋の大儒者・朱子が説明している。老子は玄牝の門とは天地の根だとも言う。

水の合流は、まるで深奥から泉が湧くごとく溢れかえり、水は集《つど》い笑《えら》ぎつつ、新生の命をうむのであろう。
日本人は、それを神の仕業として慈《いつく》しんだ。現代の出雲大社の縁結びには深く久しい根元があったのである。

生贄《いけにえ》を捧げる空中神殿

わたしが若僧だったころ、いたく心ひかれた記事があった。『日本書紀』第三巻をよむと、神武天皇が東征の旅に出て筑紫《つくし》に到り、宇佐に一柱騰宮《あしひとつあがりのみや》(『古事記』では「足一騰宮」)を造ったという。一本足の宮殿とは、片足を山側にあずけた宮殿などという説もあるが、文言どおり一足の宮殿のはずだ。

ところが二〇〇〇年四月、出雲大社の拝殿と本殿との間から、径一三五センチのスギ柱三本を一まとめにした、径三メートルの旧い柱の根が発掘された。しかも千家国造《こくぞう》家に伝わる「金輪御造営差図《さしず》」と一致するなど信憑性がある。

これが心《しん》の御柱(岩根御柱とも)とよばれる神殿の中心の柱で、もしかすると、このような柱一本の上に、空中に浮遊するごとき殿舎を建てたのが一柱騰宮かもしれないと、わたしはわくわくした。

ただ大社は四隅の柱とさらに側柱、また中央の南北に珍《うず》（宇豆）の御柱があるからこのまま持ち上げると「足一柱」ではない。

一方、前述の差図には一町の「引橋《ひき》」が書き込まれているという。

空中神殿への階段である。大林組の復元のための計算によると、階段は一七〇段で全長一〇九メートル。その上にそびえる神殿は、地上四八メートルに達するという（『古代出雲大社の復元』）。

造営は宝治二（一二四八）年。建物が驚くべき壮麗さを創祀以来保ちつづけて全古代を生き永らえたのち、さらに第二の生命を出発させた時の姿であった。いま十分の一の模型が古代出雲歴史博物館にある。

さてそこで、この高殿は何を目的とした建物か。神殿そのものだというのは間違いないのか。異常に高く築く必要はどこにあるのか。

そもそも大社は神体山たる八雲山を拝する場所にある。同じ出雲系とされる大神《おおみわ》神社も三輪山自体が神体山である。大神神社は一時期本殿を作ったが、その後取り払われて、いまはない。いくつか他の、妹山として山自体を尊崇する神社にも、本殿はない。

出雲系といえば、もうひとつ信濃の諏訪《すわ》大社がある。この社が祀る建御名方《たけみなかた》の神は大国主の子で、天孫族に国土譲渡を迫られた時、ここへ流浪してきた神だと日本神話はいう。

そして、諏訪大社にも神霊のやどる社はない。いやそれどころか、出雲大社に特有の珍の御柱に相当する柱信仰がここにもあって、七年目ごとに「御柱」を改める「御柱祭《おんばしらさい》」がある。上下の諏訪の社それぞれに、四本のモミの木を山から伐りおこして、社殿を囲んで建てるのである。

このような神殿不要の聖山信仰にとって、空中に到るかの如き宮殿と階段は、なぜ必要なのか。

山を神とすれば、この高殿は神に仕える者の住まいでしかない。神と神に仕える者とが、しばしば同一視されるといったのは、故武田祐吉である。

そう思う時、連想されるのは祖神スサノヲの命が生贄とされた姫を助けて妻としたという神話である。祖神が須賀の宮を作ると、そこから雲が湧き「八雲立つ　出雲八重垣」という祝婚歌を歌ったという(記紀)。

歌さながらに、雲の神殿というべきこの高殿は、神に仕える者——神の嫁として神の贄(馳走)となる者、また神として人間に意志を伝える者たちという、崇高にして悲痛な者たちの奉仕の神殿だったのではないか。

古代ギリシャの神に捧げられた美女は、山頂に到る石段を登りつめて、その先の深谷に姿を消したという。出雲の長い階段――「引橋」とあるのは「退《ひ》き橋」ではないか。俗界から姿を消す橋である。

そこでわたしは、ふしぎなハシという日本語を考えざるをえない。日本語でハシといえば端《はし》でありながら、両端をつなぐものも橋《はし》である。箸もふたつの端をもつからハシだとされ、鳥の嘴《くちばし》も口に上下のハシがあるからだと説明される。

雲の神殿の階段は天と地というハシをつなぐ、ハシそのものだったのだろう。階段はキザハシという。一段一段と刻《きざ》まれた橋《はし》だからである。間《はし》を一歩一歩上がっていくと、やがて間《はし》が消え、向うの端《はし》に到達する。もちろんハシ(橋)もハシラ(柱)もひとしい。珍の御柱も心(中心)の御柱も天地をつなぐものであり、孝徳天皇の皇后・間人《はしひと》皇后は人と神をつなぐ巫女のごとき女性であったか。

出雲大社の空中神殿は神山に降ってきた神に捧げられるべき物のための聖殿だったと思う。霊格を得るために「長養《ひだす》」ということばもある。「ひだす」とは「霊足《ひだ》らす」の意である。スサノヲの生贄に捧げられた娘は長養されたのち、妻となったという(『日本書紀』第一巻)。空中神殿は長養す神殿でもある。

三輪の神が通ってきたヤマトトトヒモモソ姫も同じように、神に捧げられた女だったのであろう。彼女もハシで陰《ほと》をついて死んだ(『日本書紀』第五巻)。そのような女が一歩一歩を刻むように一七〇の階《きざはし》を登っていく姿は、悲しいばかりに美しいではないか。

しかも階段は前述の玄牝の門からまっすぐに神山に向かってつづく。時として女は人と神との間の浮橋を、浮遊する物のごとくに登りつめ、そのまま姿を消したであろう。

変動するものをとどめる社

出雲大社は、西向きに鎮座する神を南から拝む。他でもない、この地にあって幽冥の国を支配せよといわれたオオクニヌシの神に、落日をイメージするからであろう。荘厳な神の死としての落日。それは西の海上に華麗な落日を望む、この国に住む人の太陽への畏敬の念に発する。

反対に太陽の出現、日の出をたたえる神社が、伊勢神宮である。そもそもここに内宮と外宮があることを、わたしは次のように考えてきた。

外宮は二見浦《ふたみがうら》と神島を結ぶ線上に建てられたらしい（中西『「謎に迫る」古代史講座』）。そして二見浦の彼方に富士山が見える夏至の日に、太陽が富士山の背後からのぼる。一方内宮は宇治橋を冬至の太陽の方角に向けて建てられた。

冬至と夏至はそもそも世界中で尊重され、その日の日の出の方角に基づいて暦がつくられた。だからどちらかひとつでよいのに、この丁寧な伊勢の暦づくりは、在地の古来の基点が外宮にあり、新たな天皇家の関与から内宮が併存するようになった結果であろう。

いま祭神を天照大神と豊受大神とに分つことからも、そう思える。

それにしても二見浦の両岩の間から富士山が見え、そこから太陽が誕生するという、夢のように美しい風景に神を感じた古代人の心根が、わたしの心を揺さぶる。ここに富士山という出雲同様の山への尊敬が共通していることも日本列島の信仰がばらばらでない証拠だ。

一方、柱をめぐる両社の思想の違いもおもしろい。伊勢神宮は外壁に棟持柱《むなもち》を太々と見せる(「神明造り」とよばれる)。これは太古の「天地根元造り」とよばれる、葺き降ろし屋根をもつ住居から発達したものだろう。構造の原始性を見せるゆえに、神明造りは尊く思われるのではないか。

建物の中央に心柱を貫き、さらに加えて珍の御柱を建てるという出雲の精神性とは対称的な現実性である。

また神明造りの原初的な柱に加えて、屋根に堅魚木《かつおぎ》を並べ、千(氷)木《ちぎ/ひぎ》を交差させるという、今や神社の普遍的な構造をなすに到ったものは、みな原初的な「天地根元造り」が装飾化したものに他ならない。

千木は、葺き草の末端を高く掲げたものに由来するだろう。「取り葺ける草葉《かや》は、この家長《いへおさ》の御富《みとみ》の余《あま》りなり」(『日本書紀』第十五巻)と歌われているが、葺き上げた草の千木は揺れることで、風位風速を測ることもできる。千木を「搏風」(『皇太神宮儀式帳』)と書くのはその証拠だし、千木の風穴は吹き抜ける風が音色をかえて、強弱・緩急の音楽も奏したであろう。

そもそも「やしろ」とは「屋代」。神が住み給う住居として、本来そこに永住するとは思えない神の住家の代りに、仮りに造ったものを意味する。

その神の仮りのやどりこそ、天地の根元に根ざす構造をもち、鎮めとしての堅魚木を並べ、力の末を風に搏《う》たせながら、天地神明の中にそびえるものだと、古代人は考えたのである。出雲の、神殿すら造らない山そのものへの崇拝と、伊勢の、大空に姿を現わし、天空をめぐって姿を消していく太陽への崇拝を並べて考えてみると、やはり不動なるものと変易するものという、自然の根元に対する日本人の、正確で篤実な信仰が見えてきて、興味ぶかい。

二　仏塔に完成した日本美

聖者を記憶する高くそびえる装置

高い建物をわたしたちは塔とよぶ。戦没者の慰霊塔とか、パリのエッフェル塔とかと。しかしこの塔とは、よくお墓で見かける「卒塔婆《そとば》」の略称である。むかしはお墓を卒塔婆とよんでいたが、いまは供養のためにたてる板に代ってしまっているから、もう、あの板の卒塔婆とエッフェル塔が仲間だときくと、驚くしかない。

そもそもソトバとは梵語のstūpa《ストウパ》が日本ふうに発音されたもので、「高く顕われた」という意味である。だからこそお釈迦さまなど、すぐれた人のお墓がストウパである。このストウパの中国ふうな表記が卒塔婆、さらにその略称が塔となった。

さてそこで、ストウパがいかに「高く顕われた」ことを意味していても、それはお墓に眠っている人の徳の高さをいっているのであって、お墓の形の巨大さをさしてストウパというのではないから、初期のお釈迦さまのお墓も、高くそびえるものではなかった。

たしかにりっぱだが、盛り土をした墓である。

じじつ日本でも奈良時代の僧・行基《ぎょうき》が築いたとされる土塔《どとう》は、原始を伝える塚の姿をしている。「土塔」というよび名は塔とはそびえる物と思い込んでいる現代人を、「これでも塔なのか」と、今度は逆に驚かせる。

ところが、塚のような墓が中国に入ると、すぐに高い建物に変った。いま西安に大雁塔《だいがん》、小雁塔とよばれる塔が残っている。唐の玄奘《げんじょう》三蔵がインドからもち帰った経典などを収めた場所だ。つまり中国では、早ばやと塔が建物として機能するようになった。とくに両雁塔とも、ずっしりとした重みをもつ建物である。わたしも息を切らしながら小雁塔の最上層まで登ったことがある。

それが日本に入ってきた。寺づくりの技術者も韓国から送られてきているから、造塔の技術も、六世紀にすでに伝えられていたはずである。

ところが、日本に入ると、今度は塔の風姿に大きな変化がおこった。

埋葬の塚から顕彰の塔へと変化したのである。

ストウパが人間存在の大きさをほめるものだとはすでに述べたが、この巨大な力への賛美は、支配者にあっては、エジプトのピラミッドも、中国の始皇帝陵もそして日本の、仁徳天皇の御陵とされる百舌鳥《もず》耳原《みみはら》中陵（大阪府堺市）もひとしい。ただ、みな「塚」の巨大化だった。「ストゥパ」の実現に違いないにしても、これらはみな、原始の小さな塚の形をそのままにして、巨大なその相似形を造ったものだ。

それに対して、お釈迦さまのお墓は高くそびえる姿の中に偉大さを示した。塚との相似形でないところにこの形式の独自の意義があった。

中国の両雁塔はそれの端緒ではあっても、実用をかねた建物である。しかも、ずんぐり形は古墳形を脱し切れていない。

それでは高くそびえる形に「高く顕われる」意義を認める発想は、仏教独自なのか。いや、すでにオベリスク（ギリシャ語で串を意味する）形式が存在した。

しかし高く空へ突きささるようなオベリスクはギリシャの神をあがめる碑にはじまり、戦捷《しょう》などの記念に建設された。つまり墓ではない。偉大な存在を記憶する形であった。

要するに、絶大な力をもった王が墓を巨大にしたのに対して、塔とは神やそれに近い聖者が、存在を記憶する装置へと墓を換えていったものだったのである。

塔はまたゴシック建築にも似ている。いわゆるゴシック建築はのちの中世のものだが、水煙をかかげる仏塔と同じように高く先端をとがらせる。

ゴシック(ゴート族の)という命名は古風で異風な様子をそうよんだのだから別だが、少くともキリスト教が異教と格闘し融和していった、精神性の気高さはストウパと通底するだろう。

仏塔は日本に入って、同じように激しいばかりに天上への志向を始める。そもそも地下に眠る者への鎮魂を、対称的な天上への志向に託す。

かつて塔についての小論を書き「虚空への死の荘厳」と題したことがある(中西『雪月花』)が、日本の仏塔は、地下への意志を天上への荘厳に示すものであった。

天蓋を拡大し緻密《ちみつ》にした日本の仏塔

墳墓を、聖なる者の賞賛の姿へと換えていったプロセスは、インドのストウパと日本の仏塔の構造を照らし合わせることで如実にわかる。

まず日本の仏塔の主要部分である層楼はストウパと無関係で、塔が屋上に掲げた相輪部分だけがストウパに相当する。しかも相輪は、墓の盛り土にあたる部分をごくごく小さな基礎にまとめてしまって、ストウパ上部の飾り部分、傘蓋《さんがい》のみ大きく拡大したのである。

次のページの相輪図のように、それぞれ下部から上へ向かって、ストウパの基壇は相輪の露盤《ろばん》に、ストウパの覆《ふく》鉢は相輪の覆鉢に、ストウパの平頭《へいとう》は相輪の請花《うけばな》にあたる。

ただこれらは相輪の支えとなり申し訳ないほどに簡略化されていて、ストウパ上部の傘蓋だけが塔の豪華な相輪に当るのである。

傘蓋は貴人が常用する蓋《きぬがさ》、仏の天蓋に相当するもので、ストウパではごく簡略なものが乗せられているにすぎないのだが、じつは日本の仏塔では傘蓋こそが相輪となり、塔上の目を引いてやまない水煙その他に拡大された。

これが高い芸術性を示し、思想をわれわれに訴えかけ、塔の意志も表明するところとなった。

その相輪はまず中央に擦管《さっかん》を貫き、九輪をめぐらせる。その上に水煙を施し、竜車《りゅうしゃ》をおき、最上部に宝珠《ほうじゅ》をとりつける。

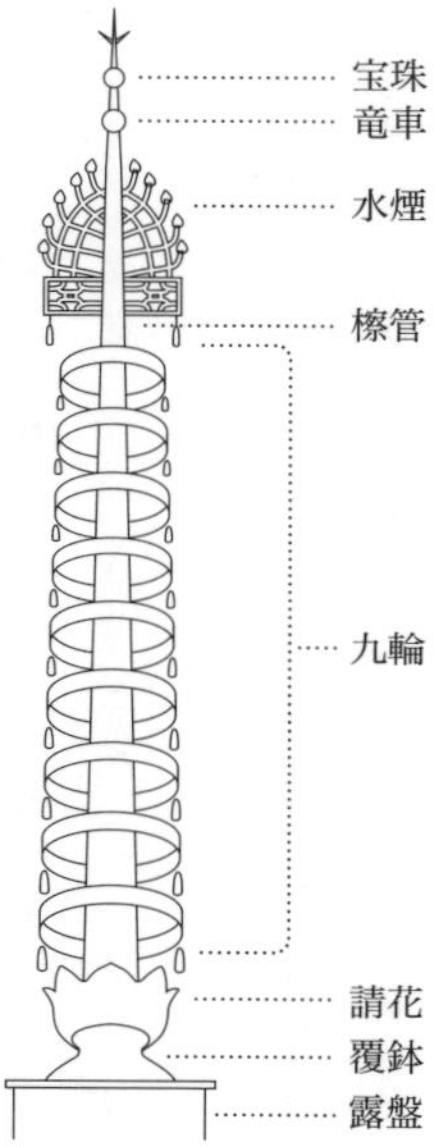

要するに五重だ三重だといっている下の部分は塔としては高く捧げる役割をもち、上部こそ釈迦を鎮魂する高く顕《あきら》かな部分なのである。仏塔とは、楼層の上に墳墓を乗せたものである。墳墓を高く高

く押し上げたといっていいだろうか。

もちろん納骨の思想は失われていない。心礎の真ん中に釈迦は白玉と化して安置され、幾重もの箱によって包まれ、その上に楼屋を蔽うように重ねて、さらにその構造が「高く顕かな」ものを虚空にさしのべるかのごとく、そびえているのである。

とくに傘蓋の部分がこのように拡大されたことの意味は大きいだろう。檫管が貫くものは、まず無限の数を示す九つの輪廻《りんね》である。しかもこの中に日本の塔の九輪は独特の工夫をもつ。ふしぎなのは法隆寺の四本の鎌で、やはり農業の豊饒を祈るものと考えるのが自然だろう。

新来の仏を、伝統的にカミとして認め、生産の豊饒を祈ってこそ、信仰は受容されたことになるのだから。

さらに水煙も、それぞれの寺院が粋をつくして掲げる。

中でも薬師寺を代表とするように、天女たちの伎楽が水の煙をかいくぐって演奏されるものは、天上にきく音楽としてわれわれを幻聴の中に誘ってやまない。

奏楽も天上からそそがれる水のごとくに煩悩の世界を、解きほぐしてくれるのだろう。

また美しく秩序を編《あ》み込むような興福寺の水煙。

何か吹き上げるような勢いをもつ醍醐寺の水煙は、大げさにいうと水の炎のような印象もある。

百済寺の水煙には、馬の鬣《たてがみ》のような縁《ふち》どりがある。獅子のそれとも見える。浄瑠璃寺の水煙は、例の王冠の世界樹を思わせ、先端は蕨手文《わらびてもん》で収められる。ここは水煙と王冠が二重写しになるようで、観ていて楽しい。

水煙には、造塔師のさまざまな祈りがある。水煙に托された思想の表象は、それぞれに大事な仏からの信号なのだろう。

こうした構造は、明らかに実用を超えたものだ。周知のように塔の内部が中空であることも多く、もはや各層を経蔵に用いるすべもない。ひたすらに美への途をたどることが、日本に入ってきた後の、塔の使命だったと思うと、その質量感はずしりと重い。

景観として姿を完成した仏塔

仏塔が日本で美の完成をいそいだ点は、さらに他にもある。

少しずつふれたことだが、中国の大雁塔その他の塔が幾層かを重ねるのは、それぞれの階がそれぞれに使用されているからで、庇《ひさし》も必要だろうし、窓も必要であろう。

それに対して日本の塔は、屋根を数えると三重、五重、また十三重になっているが、じつは全体が一つの空間なのだから、極端にいうと屋根は一つでいいことになる。窓もいらないし、ましてや四面に付けられた欄干も不要である。要するにこれらは飾りなのだ。

ことばをかえると日本の多重塔の層屋形は「姿」なのである。

その最たるものが十三重塔であろう。みっちりと、息苦しいまでに屋根を重ねた十三重の塔には、もちろん各層の独立階などあろうはずがない。一途に屋根の庇を重ねることに目的があるかのごとくで、「姿」が見せ場だったにちがいない。

そのとおり、塔の屋根は美しい。中国の木造多重塔も庇をもつが、軒先はごく浅い。日本の屋根の軒の深さと比べると格段の違いがあるが、この違いを「日本では雨が多いからだ」というだけでは不十分だろう。

各層ごとに程よい高さを距てつつ、軒の深い屋根をもつ美しさこそが大事だったはずだ。法隆寺の屋根の横幅は自然数のままに小さくなるときいたことがある。屋根の横幅は当然各層の建物の横幅にともなうわけだが、その横幅は、五層目が初層の半分になっているという。

またとくに薬師寺の東塔は「裳階《もこし》」をつけているので名高い。

おそらくこの構造は、初重が仏や塑像群をおくなど、実用を果たす建物だったことに由来するだろう。この初重の外観を、小ぶりにして二階三階へと上げていったというのが、事の起こりではないか。そう思うほど、各層ごとに別々の建物をもっているように見える。

しかし「景観としての塔」はそんな経緯とは無関係である。知る人も多いだろうが、薬師寺はひとりの僧(祚蓮《それん》だという記録もある)が「竜宮のかたみ(形見)を見て」まねて造ったという(『元亨釈書《げんこうしゃくしょ》』など)。

また井上政次はこれをヒントとして、水辺の楼閣が水に映ったところに漣《さざなみ》が立って二重にも三重にも映った姿だろうと想像している(『大和古寺』)。

塔がさながらに、ゆらゆらと揺れる漣の映像だというこの見方に、以前わたしはいたく感動した。

水煙が塔の大きな要素であることは上に述べた。この水のイメージは屋根が波頭のように軒先を翻していることとも無関係ではないだろう。すでに翻波をつづける寝殿造りを話題にしたことがあるが(四六ページ)、その屋根先の構造も、この二重構造形三重塔の漣の映像に、一役買っているであろう。

そう思って改めて見直すと、薬師寺の漣に限らず、塔に重なる屋根屋根は、折り重なって寄せてくる波頭のように見える。左右に波頭を振り立てながら重なり寄せる波。

古代ではこのような波を重浪《しきなみ》と称した。そして「これ神風の伊勢の国は則ち常世の浪、重浪の帰《よ》する国なり」(『日本書紀』垂仁二十五年)というように、古代人は永遠の国の風景として重浪を想像した。

いやいや塔は漣や重浪に漂うばかりではない。塔をめぐる有名な話題にすでに一言した中空構造がある。心柱は宙に浮いているのだという。そのために倒れない建物として注目されている。

そうなると塔頂から下降してくる重みは、くの字型に組み合わせられた屋根の組木を伝わることになるだろう。

この軟構造をもって大地の震動にもかかわらず空中に揺らぎつづける塔。そのゆえだけでもしなやかに美しい塔のたたずまいは、細緻に測定された美学を満身にまといつつ、今日まで歴史を作りつづけてきたのである。

三　万物を供養《くよう》する

供花《くげ》に特化されていった仏への供養

今日になお市民権を失わない供養ということばがある。漁港のとある一隅に魚の供養碑を見ることも、そう難しくないだろう。魚を大量に獲る人びとが、その殺生を弔《とむら》うものだと、みんな納得している。

しかし供養の歴史は古い。そもそもインド仏教で仏、法、僧という三宝に対してお供え物をした。それが供養の始まりである。

ところが供養という中国語に訳される前のサンスクリット語ではプージァナー(pūjanā)という。このことばの意味は「塗《ぬ》る」とか「彩る」とかであるらしい。

それにはわけがある。インドの民間のお祭りでは油を塗り、香をたき、花や水を供え、燈をともす習慣があった。そこで最初仏教徒たちがその習慣を真似て、供養を始めたのだった。しかもバラモン教では動物を犠牲にささげる。仏教は殺生を禁止したので、犠牲をささげる代りに民間の習慣をとり入れたのである（藤井正雄『祖先祭祀の儀礼構造と民俗』）。それでこそ塗るだの彩るだのという名前も、よくわかる。

さてこのように始まった供養は仏教が小乗仏教から大乗仏教にかわり、中国を経て日本にたどりつくまでに、じつに多様に内容を代え、お供えするものも、最初は香、華、燈明そして資財などだったものが、法華経では「十種供養」にまでふくれ上がった。

華、香、瓔珞《ようらく》（仏像の装身具や寺院・仏壇の荘厳具）、抹香《まっこう》、塗香《ずこう》、焼香、繒蓋幢幡《ぞうがいどうばん》（仏像を飾る絹の天蓋と仏壇を飾る幡）、衣服、伎楽、合掌などの供養である。そこで法華経を書写し十種供養をする「如法経十種供養」にまで発展した。

この十種供養は中国では鳩摩羅什《くまらじゅう》が、日本では慈覚大師円仁が最初に行なったという。もちろんこれらの品々は「三種供養」とよばれる中の、「利供養」を主としたもので、他に「敬供養」という三宝への賛嘆・恭敬、「行供養」という修行・礼拝が供養にはある。だから敬供養、行供養が別に行なわれたことは日本の古代の文献にも見られる。たとえば敬供養は仏教説話を集めた『日本霊異記《にほんりょういき》』に僧を供養したことが記述されている（上巻二十六話）。

こうした供養の流行によるのだろう。「供養」という漢字も『万葉集』の和歌を表記する漢字の中に、いち早く登場する。

梅の花しだり柳に折り交《まじ》へ花に供養《まつ》らば君に逢はむかも

作者未詳（巻十）

「梅の花をしだれ柳に折りまぜ、花祭りに供養したら、あの方に遭えるだろうかなあ」という一首である。供養は別に「たむけば」という訓《よ》み方もできる。これは供養に花を手向けた文字遣いにちがいない。しかも「花に」とは仏の花祭りのことをいうのだろう。この作者は梅の花と柳の枝を花供養として仏の花祭りに供えたらしい。

すでに述べたように供養の品は多い。ところが香でも燈明でもよいものを、供養といえば花という選択が、すでにでき上がっていた日本化を物語るのではないか。

手向けとは、日本古来の神への奉仕である。そこで後のちの和歌に、花を仏に手向ける歌が登場する。『織田仏教大辞典』がそれらの歌を蒐集してくれているのであげると、

色色の花の匂ひを朝ごとに四方の仏に手向けつる哉《かな》

（『続古今和歌集』）

かぎりなき三世の仏の心にもあくまで花を手向けぬる哉

（『雪玉集』）

のごとく、それぞれ「さまざまな花の彩りを、毎朝四方の仏さまにお供えしたことだ」「過去から未来への無限のみ仏の心に、十分花をお供えしたことだ」という歌である。

油を塗り香をたくことから始まった仏教の供養は、早ばやと花に特化された『万葉集』以降、中世に及んで決定的となった。

それでは折角、慈覚大師によって「十種法花経」「十種供養の御経」などと、如法経会が華麗にくり広げられながら、根強く供養を供花に特化させていった趨勢は、いかなる理由をもつのであろう。

わたしにはそれが、花に帰一していく日本の風土と心の特性だと思える。

これは、以後に華道を生み、強固な文化伝統の一翼を担うこととなった、きわめて日本的な供養の変容だと言うべきではないだろうか。

そもそも「手向け」とは峠の語源かとされるほどに、山を越える時の山の神への奉幣だった。幣《ぬさ》の代りに山々の紅葉を手向けたいといった有名な菅原道真の和歌も『百人一首』に採用されている。

供養は山の神への手向けと習合することによって、日本人の中に定着した。その時には花を供養することに、誰もためらいを覚えなかったのである。

回向《えこう》によって祖霊信仰と結びついた供養

ところで、歌舞伎などで「追善興行《ついぜんこうぎょう》」と名乗る芝居を見かける。誰だれのためとある。わたしも子どものころ、街にはためいている幟《のぼり》や、新聞におどる文字を発見して何だろうと思ったことがあった。

いうまでもなく、死者の冥福を祈る興行だが、その仕組みは「死者の極楽往生を願って、興行主が善行を積む芝居」ということになる。わかりやすくいうと、供養とは仏に供物をすることだったから、この興行も菩薩への供物で、その結果菩薩が死者を極楽に往生させてくれる、と考えるのである。

しかしこの場合、わかりにくい点がある。供養するのは死者自身ではない。興行主が善行を積んでいるのに、なぜ死者が功徳《くどく》を得て極楽往生できるのか、という点ではないか。

じつはこれを回向という。回向とはサンスクリット語のパリナーマ(parināma)にもとづく思想で、死者を追善して読経《どきょう》、念仏することが、そのまま死者の読経、念仏になる、つまり回向して死者本人の功徳となるから極楽往生が可能になると考えるものだ。

こんなありがたいことをして下さるのが菩薩さまだと思えばわかりやすい。菩薩が誓願を立てて菩提《ぼだい》(悟り)に向けて下さるからだ。たとえば十一面観音菩薩とか如意輪《にょいりん》観音菩薩とか、菩薩がたくさんの寺々に祀られているのも、そのためである。

これを安易な便利さだと思ってはいけない。むしろ死者という幽冥の中に境を異にした者への切ない思いやりだろう。

さてそうなると、回向する供養が亡き親戚縁者に向けられるのも当然だろう。仏教が日本に定着しはじめた七、八世紀のころに造られた仏像などには、造像記の中で父祖の冥福を祈るものがおびただしい。

また写経。いまでも「大聖武《おおじょうむ》」とよばれて古書店などに現われる天平時代の華麗な写経も天平の追善写経である。

また読経。『万葉集』にまで興福寺の僧たちによる維摩《ゆいま》経の読経のことが登場するが、これは藤原氏興隆の基を築いた藤原鎌足を知者・維摩居士になぞらえることがあったらしく、鎌足の命日に到る数日の間読経されたものである。

光明皇后のいたという法華寺に、いまも維摩像を残すのも、追善の造仏があった名残りだろうか。

ところで供養とは、本来下位の者が上位の者に物を薦《すす》めたり、資《たす》けたりすることをいうらしいのだが、「養」を日本人は「やしなう」という日本語に当てて考えた。親に「孝養を尽くす」といってもけっして誤りではないのだが、とかく「やしなう」ことが食物を提供することに片寄りがちになる。

そこで神さまや先祖に食物を提供する行事と供養が一体化した点が、すでに指摘されている（前掲『祖先祭祀の儀礼構造と民俗』）。

仏教の供養に飲食の提供のあることはもちろんだが、日本の民俗に神や祖先に食を供する「神やしない」があり、この「アエノコト」が習合したと考えられるのである。

すでに古く山上憶良によって記録されたと思われる記事によると、九州筑紫の海難者の妻が、食をもって門に立つことがあったという（『万葉集』巻十六）。

後のちの日本人も今日に到るまで、仏前に飲食を供えることを忘れない。いやむしろそれを中心とするごとくであるのは、仏前で供養を営むというより、饗《あえ》を提供し共食することを当然と考えた結果だろう。

何も供養の仏事を営んでいるというわけではない、心豊かな日常の行いであることがすばらしい。

万物の精霊のための供養

さて仏教の供養はこうして亡き祖先を祭る信仰と結びつき、民俗の心を豊かにしたが、じつはここに起こった大きな変化は、仏へのもてなしである供養が霊魂という大きな存在と出会ったことであろう。これは本来の三宝への供養にはなかったことだ。

とにかく日本には、殊の外万物に霊がみちみちている。そこで日本人の供養は独特の心の領域を作り出さざるをえなかった。

そのひとつが針供養、茶筅《ちゃせん》供養などであろう。とくに針供養とよばれるものは二月八日か十二月八日（あるいは両日）に針仕事を休み、古い針を豆腐やコンニャク、餅や団子にさして水に流す。針を霊ある物として丁重にその死を弔ったのである。

両日とも殊に物忌みの日とされた日らしいが、この日にはハリセンボンという怪魚がやって来るとか、子どもが遊びで「針千本呑《の》ます」というとか、民俗との関係がおもしろい。針供養が針仕事の上達を願う祭事となるとは、良くも悪くも古い針に宿った精霊が働くことを信じたからであろう。

また和歌山の淡島明神の祭神を針才天女として、ここで針供養をするのは、供養が神信仰と結びついた例である。

そもそも人間には祖霊があり、死せる人びとは供養によって祖霊群の中に送られる。そこで百年たつと彼らは群のひとりとしての精霊を得ると考えられた。

それとまったくひとしく、万物は針一本といえども霊魂をもち、使用済という死を迎えると供養され、やがて聖霊となり神となる。しかもそのプロセスに「捨てる」という抜魂の儀礼を経ることには、霊と魂との区別まで見定めた日本人の万物への聖視があるように思う。同じことを逆にいえば、新しい物への入魂《じっこん》の供養があっても当然だろう。

寺院の鐘楼や堂塔らに鐘供養や堂供養があるのは、そもそも仏教の供養なのだから当然だろうが、仏壇に迎え入れる仏像、位牌にまで入仏供養、開眼《かいげん》供養を施すとは、ここで改めて饗応をうけることになる。さながらに生者のごとくであり、悉くの物にそれぞれの場合の、一個の霊魂を認めているように思われる。橋をかける時にも橋供養をするという。橋がそもそも異界へと跨がるものだったことが生きているとしか思えない。

じつは先ほどあげた興行にしても、興行がなぜ供養になるのかがわかりにくいとする見方もあるかもしれないが、かりにいささかの仏前供養の儀式をしたにせよ、もっともっと大きくは、興行そのものが入魂のものとして供養されるべき、新たなる誕生だったと考える方が理屈にかなっている。

そこに、芝居をすることを供養と考える思想も存在するに到った。

物も行事も、すべて入魂されたり抜魂されたりする霊魂観の上で供養されるのではないか。そしてさらにもうひとつ、結論からいうと異類をまき込んだ供養が日本で誕生しているのではないか。

たとえば餓鬼供養。餓鬼道におちた苦しみを救うために供養するといえば簡単なようだが、さて餓鬼道とは人道とは別の異類界のことである。

だからさらに超域して魚や虫の供養まで人間がかかえ込む。虫供養とは稲作のために排除した虫の霊を慰めようとするもの、秋の彼岸を中心として供養場で念仏行事をするという。中には蛇を弔うミミズ供養をするところもある。魚も異類。この慰霊は水界の異類への慰霊であって、竜神やエビス（漂着神）への祭りと結託してもおかしくない。

こうして異類をよびこみ、慰霊を主とする供養となる日本の供養は、やはり霊信仰という伝統的に豊かな心の世界へと三宝供養が吸引されていったものであろう。

万物精霊の慰撫へと大成していった日本の供養を、わたしはやはり情感の日本のしわざだと思うのである。

四　わび・さび・しおりの美学

死んでお詫びするという「わび」

日本の伝統文化というと、まず話題になるものは、能狂言、文楽歌舞伎、茶道花道といったたぐいだろうか。

外国人に見せると瞳をこらして見つめ、とことん質問してくる。しかしその本質となると、かえって日本人の知らないことが多くて何も答えられないことも、少くない。

そこでもう一度、日本人が美として何を求めていたかを、本来的に考えてみる必要がある。みずからそれを考える過程で、今日の日本文化が作られていった歴史も見えてきて、興味ぶかくもある。

さてその第一にとり上げることばは、すでに少しずつふれてきたところだが「わび」だろうか。いまでもわたしたちは「わびしい」「わびしい」と口にするから「わび茶」といわれてもすぐわかるかというと、うまく外国人に説明できない。「茶室も小さいのです」「ほんの一輪花を活けるだけです」などといっても、「わびって何ですか」という問の答えにはなっていない。

では何か。「わぶ」ということばは、「をう」ということばと仲間だと考えられる（この際の専門的な手続きは、いま省略する）。

では「をう」とは何か。『古事記』（中巻）によると、古くこの国に初代の王が大和王権を作ろうとしていた時、熊野の山の中で妖気にあてられて、王をはじめ軍隊一行が「をえ」てしまったという。

これをわたしは、仮死状態となったのだと考える。一行は無事一口《ふり》の大刀によって蘇ったのだが、どうもこれは一時、死んだ状態だったらしい。

時代が下っても『百人一首』には、

　思ひわびさてもいのちはあるものを憂きにたへぬは涙なりけり

という道因法師（一〇九〇～不詳）の一首が見える。「恋人を恋いしたっていても、それでも生きてはいられるが、辛くて仕方ないのは涙が止めどなく溢れることだ」というのだから、「思いわび」ると命はなくなるのがふつうになる。要するに死にそうになりながら、何とか命をとりとめている、というのだ。

いや「死にそう」どころか「死ぬ」こととほとんど同じでなければ「わぶ」とは言えない使い方もある。

現代人でも「死んでお詫《わ》びをします」という。死んではじめてお詫びができると考えた上での表現である。

ただ、死んでしまったら、もう何もなくなるから、その代りに体の一部――髪とか指とかに死をあたえてお詫びするしかない。げんにわたしも、頭を丸めて詫びられた経験がある。

こうなると「わびしい」とは死にそうになることだといわざるをえない。

別に古代の歌人は「心もしのに」(心も死にそうに)という表現ももっていた。

そこで仮死のあたりに至極の境地を定めたものが「わび茶」であり、俳聖といわれた十七世紀の松尾芭蕉の、わび・さびの主張だったことになる。

もちろんよく知られるように、これに近い境地を至極とした先人がいる。その一人をあげれば十五世紀の連歌師・心敬がいる。芭蕉はこの伝統を継承した。

また茶道ではわび茶の主唱者として千利休(一五二二～一五九一)がいる。彼は大名たちによって好まれた華美な茶を排して「わび」に徹したのだから、日本は戦国乱世の混乱期を経験して、王朝文化に代るべき新しい美を樹立しようとした時に「わび」の価値が再認識されたことになる。

戦国乱世とは、合戦による死者の屍を日本が列島各地に累々と積み重ねた時代である。この死の時代を経由して、「わび」という美が生み出された。

つまり死は、もうひとつの生として「わび」の名を与えられ、日本美のひとつを形づくったといえるだろう。

この日本人の心境の深化を、貴重なものとしなければならない。

孤独を尊ぶ「さび」

それでは、とかく「わび・さび」と並べられる一方の「さび」は、どのような美なのか。

わたしたちはよく「さびしい」とか「さみしい」(これは発音が変っただけのことば)とかと連発するが、ではそう口にする時、わたしたちは何を感じているのだろう。庖丁の錆《さび》などをふと思い出すと、わからなくなるかもしれない。

しかし「さ」とは「しか(然)」が約《つづ》まったものだ。「然り」と答える大名のせりふも時代劇には登場するだろう。

だから、いかにも本来の姿らしいことが「さぶ」。たとえば老人がいかにも老人らしいと「翁さぶ」。少女らしいと「少女《おとめ》さぶ」。現代語でも神々《こうごう》しいことを「神《かん》さびている」などという。

じつは鉄がさびることもそのひとつだった。鍛《きた》えに鍛えた刀はぴかぴか光って、切れ味もよさそうだが、これは鉄本来の姿から見れば、わざとらしいのである。

鉄が酸に弱い本性そのままに「さび」ていれば、それこそ鉄らしい。それが錆である。

いま「わざとらしい」といったが、「わざ」を日本人はけして好ましいとは思っていない。「あいつの為業《しわざ》だ」というのは罵倒《ばとう》に近い。万事、自然を尊ぶ精神が基本である。

だから建物も素木《しらき》を材料とする。けばけばしくペンキを塗る趣味はない。戦後一時、伝統的な名建築にペンキが塗られるという悲劇がおこったことも、記憶にあたらしい。

それにひきかえ、神社建築のみごとな素木造りには目を見張るものがある。お寺のような彫刻の飾りすらない、ただ太々とした柱を板で囲った姿のすがすがしさ。

そうなれば材料そのままの黒木(皮つきの木)の方が自然ではないかといえば、樹皮もまた、余分なものと考えるのであろう。もちろん白木と黒木で造る建物も、文献に見えるが、神祀りには白木がよりふさわしいであろう。

さてそのように「さびている」ことは、何のプラスもない、その物の姿だから、「さびしい」という感情も、孤独感にほかならない。「わび」とは基本的な違いがあって、並べる方がおかしいほどだが、それぞれの情趣が大事だったことになる。

「わび」に『百人一首』を例に出したようにこちらもあげると、

さびしさに宿をたち出でて眺むればいづこも同じ秋の夕暮

（『後拾遺集』）

という良暹《りょうぜん》法師（生没年不詳）の歌がある。「孤独にさいなまれて外の景色を見ると、すべて孤独な秋の夕暮れだった」というのだから、景色すら秋の夕暮れ「さびて」、何の援軍もなかった、と詠むのである。身も景も一色。ここに究極の秋の夕暮れがあるとは、「さび」の典型といえる。

また、「さび」の陶器もある。その風姿は孤独以外にない。何の甘えもない峻烈な孤独。それが「さび」だ。こんな美を愛でてきたのが日本人だった。

だからこの美の誕生の背景に「わび」と同じ歴史があることも、よくわかる。同じ死の美学といってもよいだろう。

これも戦国乱世を胎《たい》として生み出された、生命凝視の結果にちがいない。

心の撓《しな》いを示す「しおり」

「わび」「さび」ほど代表的な美意識ではないが、もうひとつの美の一群がある。「しおり」とその仲間である。

この美にわたしが最初関心をもったのは、能の泣く場面を見たときだった。このとき役者は掌を上げて、伏せた面を蔽うような仕草をした。

この象徴性に打たれた。声を呑んで泣く、いいようのない悲しみが、そこから湧いてくる。あられもない号泣とは正反対なのに、悲しみに誘われる割合は、数段大きい。

そしてこれを「しおり」ということを知るにおよんで、わたしは事の重大さに気づいた。

能の大成者とされる世阿弥(一三六三?～一四四三?)は「花なくては萎《しを》れ所無益《むやく》なり」(『風姿花伝』)という。彼が花をキーワードとして能を説いたことはよく知られているが、その花のさらに次の段階として「しおり」の風情を尊んでいる。

大胆に、花はしおれるためにある、といえるだろうか。そして芭蕉が心敬を継承したといったのとひとしく、芭蕉は世阿弥の「しおり」をもわが句論に導入して、「さび・しおり」と並称した。

それでは「しおり」とは、どんな内容をもつのか。いうまでもなく「花が萎れる」といい

「しおらしい」「しおしおと帰り道につく」などということばは、みな同じ内容だ。心が花とひとしく、うなだれている状であることがわかる。

辞書には室町時代の流行歌に出てくる「しおり萩」ということばも見える。この「しおる」に「撓」の漢字を当てる辞書もあるから、花が萎れた萩ではなく、枝が撓《たわ》むことをいうのだろう。

いや花が萎れるにしても、状態はこれら同様撓むもののはずだから、「しおり」をこの撓みで理解するのがよい。

また、責め懲《こ》らすことも「しおる」というらしい。これまた「撓」に近い責苦を与えるものだろうか。

「たわむ」ものとは面の平らさ、線の真直さとあい反する。そこで中心の「しお(を)」は「吝《しわ》む」(ケチなこと)「皺《しわ》」とも同じ仲間だとわかる。

ちなみに「枝折《しおり》」ということばがあり「栞《しおり》」があるものだから、草木を折った道しるべと理解されているが、このことばは、どのようにして出来たものなのか。はたして「枝《し》」と「折《おり》」と重箱訓《よ》みとして理解するのでよいのだろうか。

いや重箱訓みさせるより、草木を撓めて道しるべとし、やがて栞ともなったと考えた方が、はるかに単純で楽である。枝折戸、枝折垣はなおのこと、理解しやすい。

さてこうして「しおり」を撓む意味ととると、日本人の生き方の中に撓む価値観が充満していることとも、よく合うとわたしは思う（中西『日本人の忘れもの　1』）。のみならず、それこそ芭蕉一統における「しおり」理解とも一致する。有名な事柄だが、森川許六《きょりく》の「十団子《とおだご》も小粒になりぬ秋の風」を芭蕉が「この句しをりあり」と評したという（『去来抄』）。

句は宇津谷《うつのや》峠の茶店で売る名物も、近頃は世知辛くて小《ちい》さめになったという内容だが、一説によると団子は小豆大、これ以上小さくはできないという。

つまりは俳味の利いた句なのであろう。秋風の中に十団子も小粒に感じられるようになったという、この俳味の効用こそが「しおり」であって、世知辛さに憤慨しても句にはならない。一種、いなした風情こそ撓《しお》りなのである。

そう思い直して能のしのび泣く風姿を考えると、これまた一途に泣き濡れる弱々しい姿で演じるのでは、不十分なはずだ。女は、広くいえば何か運命に耐えて、悲しみを撓《た》めては、舞台の旅をつづけているのである。

さらに「しおり」と仲間の「冷え」「痩せ」にしても、じつは同質の内容のはずで、単にネガティブであるだけではない。それぞれに否定を媒体として、力を発揮していくあり方として、「しおり」と仲間となる。

以上わたしは三つの美学、仮死、孤独、撓屈《とうくつ》ともいうべき物をあげてきたが、これらを代表といってよいほどに、日本人は美をめぐる天地の諸相を思慮し、独特の日本の美学を作ってきた。

その思想の奥行きの深さ、精神性の気高さにわたしはおどろく。しかも、それほどに深い内実をこめながら「わびしい」「さびしい」「しおれる」などとごくごく日常的に会話している日本人の生活と美学との睦まじい関係に、おどろきは一層大きい。

五

異類の者と契《ちぎ》る日本人

人獣相姦を語りつづける日本人

木下順二の名作「夕鶴《ゆうづる》」は一九四九年に発表された。もう半世紀以上昔のことだのに、山本安英《やすえ》の名演技とともに天下の耳目を奪った記憶は、いまだに新しい。

では「夕鶴」はどうしてこのように観客を熱狂させ、長く日本人に記憶されつづけているのだろう。

まず先立って、長く広く日本に伝えられてきた、動物の恩返しの話だったことが、最大の理由だと、わたしは思う。人間と異類の動物とが、恩をめぐって愛を交わし合う物語は、日本人にとってはごくあたりまえの、しかし考えてみれば驚くほど幻想的な物語なのだ。

この時の愛とは、動物——鶴ばかりか蛇でも蛙でもいい、彼らと人間とが契り交わす点で、驚きはきわまる。

人間が動物と交わることとは、いちはやく『古事記』に罪として登場するくらい、禁忌《きんき》とされた行為である。

にもかかわらず昔話の中では実際にさほど憚《はばか》られなかったとなると、罪としての規定自体が強烈な幻想からは程遠い、建前の規制だったことが暴露してしまう。

この規制という「文明」以前は、少くとも心情的には、ごく自然な人間と動物との心の通い合いであったらしい。

その心情とは家畜などを思いうかべてみると、よく理解できる。高価で重宝な働き手である家畜は、もうほとんど人間とひとしいだろう。

だからあの『遠野物語』の馬と娘とが愛し合う話も、合点がいく。この話では娘が馬に恩返しをしようとした。父が遠い土地へ赴任しているから娘は会いたくてたまらない。父の許へ連れていってくれと、娘は馬に頼む。きいてくれたら結婚してもいいと。

娘は念願かなって父と会えるが、事の次第をきいた父は怒って馬を殺してしまい、剝いだ皮を日に曝《さら》しておく。と、死んだはずの馬の皮は娘を巻きこんで天空へ飛び去っていった、という。

恩と恩返しの中にいたのは娘で、その埒外《らちがい》にいた父には、けがらわしい人獣相姦の姿としてしか映らなかった。大袈裟にいえば、娘は「人情」の中にいたのに、父は「文明」の中にいたといえる。

しかし日本人の人情は自然万般にわたって深い。その最たるものが「草木国土悉皆成仏」という人間なみの自然の扱いであろう。すでにこのことについてはくわしく述べたが(中西『国家を築いたしなやかな日本知』)、日本人は木も草も、山も川までも仏性をもち、成仏できると考えた。十世紀のことである。世の中の万象が発心し成仏するさまは「有情無情、倶《とも》ニ発シ倶ニ成ルナリ」というごとくである。

こうなると無情の草木国土でない有情の動物は、人間とそう縁遠い間柄ではなくなる。動物も人間も、有情の生き物である。

いやいや、そう考えるのは日本人であって、世界中そうだというわけにはいかない。日本人が草木国土の一括成仏を考えた、なおその後にも、日本に上陸したキリスト教の宣教師たちは、人間と鳥獣虫魚を区別して日本人を啓蒙しようとした。彼らは草木以上の物だけにアニマを考え、草木はアニマ・ベゼタチイバ(生魂)、動物はアニマ・センシチイバ(覚魂)そして人間はアニマ・ラショナル(理性魂)をもつと考えた(中西『こころの日本文化史』)。

しかし日本人はこうした考えすらどこ吹く風とばかりに鶴や蛇や蛙との結婚を平気で語りつづけ、さらには聴き手として大きな感動をもって話に耳を傾けた。

草木といえば『今昔物語』(二十六巻)には男がカブラと交わると、それを食べた娘が妊娠する話もある。旅先でのこと、帰りには、その時できた子と出合ったという。

やはり日本人は、草木や鳥獣虫魚と深く契り交わすほどに、自然と絶縁しがたく暮してきたのである。人獣相姦に何も驚くことはなかった。

異類婚への絶望を超えた憧れ

こうした草木虫魚との結婚を、異類婚とよぶことがある。すると人間にとっての異類には、ほかに異界からやってきた者もいる。今でいうエイリアンだろうか。異界人との契りも、これまたたくさん伝えられてきた。

たとえば羽衣伝説もそのひとつだ。有名な話は三保の松原で天女が水浴をしている間に男が羽衣を奪ってしまう、返してもらうために天女が舞をまうという謡曲「羽衣」の話であろう。

異伝として返してもらえない天女が漁師の妻となり子をうみ、やがて羽衣を見つけて昇天するという、近江の余呉湖の話も、奈良時代の『風土記』にある。

ここでは前項のような恩や恩返しという愛の視点がなくなっているばかりか、無理やりに地上にとどめておく点、話の本体が人間の天上への願望、天女への憧れに変わっていることに気づく。

いや、天女は美しいばかりではない。具体的に富をもたらすと考えられていた。早い話「夕鶴」でも羽で織った衣が富をもたらすから恩返しになるのだし、余呉の話では上手に酒を造ったので豊かになったという。

「桃太郎」の話が鬼が島征伐のあげくに宝物を奪いとって帰るのも、桃の実という異類の物がもたらした富である。桃が桃太郎を産むのだから、桃は異界の女の比喩にすぎない。

さてそこで、あの「夕鶴」も、愛以外のもうひとつの大きな要素として異類の者が富や幸せをもたらしたのち、最後に地上を去っていくというストーリーをもつことが注目される。美しすぎたり、巨大な富をもたらす能力をもつ者を地上の者と認めることはそもそもむずかしい。所詮そのような者の出現は、人間の願望が夢みた幻影にすぎないという諦念《ていねん》も、大きな日本人の持ち物だったのである。

異類の者はついには去っていかなければならないとは、これまた異類との通婚を語る昔話の通念であった。桃太郎の話が鬼が島からの凱旋で終るのは、あくまでも育ててくれた恩を返す話に重点が移っているからである。異類婚の姿を出発で隠しているのと同じ変形が、結果にもあるのだろう。

そうした変容の中にあって、去っていく者として天女を語る最大の傑作が『竹取物語』だった。

そもそも「桃太郎」のように、拾い手を老人とする時には、異類者は嫁ではなく、子として語られる。すでにそこに「異類婚」話からの脱皮があるが、しかし異界からやってきた者は、ふたたび異界へと旅立つ運命にあるという結末は、捨てきれない日本人の想像上の掟だった。

美しき天女は結婚などという、この世の運命からは逸脱していなければならない。だから天女の聟になるための難題は、けして解答されてはいけないはずのものであった。その既定のストーリーのとおりに、五人の求婚者も天子も契りが拒否される。

ことばをかえると、天女は最初から後ろ姿を残影とする者として、主役の位置があたえられていた。あるいは必ず姿を消す、月の雫のように登場する女主人公《ヒロイン》だったともいえる。

そういえば江戸時代に滝沢馬琴が『南総里見八犬伝』という巨大長編にとりあげた、犬の八房《やつふさ》と同棲した伏姫《ふせひめ》のストーリーも、伏姫は残影として大きな主役を演じるではないか。

本来なら伏姫も犬と結婚して八人の子を生んだというべきだが、八個の玉として八剣士が霊を継承し、それが運命の糸をあやつるというのだ。

異類婚による出産を霊の誕生にかえ、後ろ姿を追いつづけるという趣向は、先のことばを使えば、これまたみごとな「文明」化だといえるだろう。

しかし日本人は、その変容の中でも異類婚の痕跡を隠すことなく、他界へ去ったといって話を終るのでもなく、残影を恋い慕う情緒をたっぷりと湛える物語を、今日に伝えているのである。

混血を求め続けた日本人

それにしても、哺乳類ならともかく、いくら考えてもカブラと交わってそれを食べた女から子が生まれるなどということは、不可解である。

近ごろミュージカルになって有名な「美女と野獣」の話にしても、このフランス起源の話は、美女が野獣そのものと結婚したのではない。魔法使いが愛の心のない王子を懲《こ》らしめて野獣にしたにすぎない。愛の芽生えと同時に野獣は少しずつ人間に戻って結婚したのだから、カブラから子が生まれるのとは、わけが違う。

にもかかわらず日本人は、カブラに子を産ませる。一体、何がこの話の正体なのであろう。

ふしぎなことに、先に文明化したといった八犬伝は逆だが、異類婚に共通する点は、母親が異類、異界の者だのに、人間との間に生まれた子は、りっぱな人間であることだ。要するに異類性は母の「胎《たい》」や「胞《ほう》」にとどまる。

そもそも胎とは子宮また身ごもること、胞とは胎内の子を包む膜または腹。胞子などといえば「生物体を組織する原形質の微粒」(『詳解漢和大字典』)ですらある。自然科学的にいえば、まさに遺伝する物は母系の物だろう。だのに、異類婚では胎や胞を出てしまえば、子は父と「同類」で、母だけが「異類」として扱われるのである。

ふしぎなことだが、この構想は、異類、異界、異形の女を娶ることで、人間である父の元に子の領域が拡大すると考えたものといえるだろう。

じつはこの思考は、古代日本の采女《うねめ》制にもある。他国の女を胎としながら父の同胞を増やすことが、天子の重大なわざのひとつだった。民俗学的に国霊《くにたま》の所有といわれることを換言すればそうなる。

先ごろもインドで宗教上の住み分けを行った時、異宗教者間の激突がすさまじかったと聞く。男を殺し合い、女を犯し合った。

ところで日本は縄文時代以来、何千年かの間にくり返し多種多様な人びとが移住してきた歴史をもつ。

その間の民族混合の様子は、きれいに処理されて今に伝えられているが、それでも男を殺し女を犯して征服、被征服の争いを重ねてきたことは、紛れもない。

日本人の混血のおびただしさはことばひとつ取り上げてもわかる。日本語は起源が南太平洋にある物、アラブにある物、ウラル・アルタイにある物と、目もあざやかな集合体である。それでいて日本人はけして他者を拒否せず融合、調和させ共存させて国造りをしてきた。その論理とひとしいものが、異類婚に見られる、他者を胎にとどめる思想だったのではないか。

遺伝する物は明らかに母系の物であり、新たな母系の導入がみごとに父系の血を刷新していくはずだのに、子の世代になるとその時には父系の同胞者として違和感を持たない。

これは奇《く》しくも異類婚の論理とひとしい。もちろんこの関係は、他者への尊敬が平等にあってこそ可能なことだ。異類への拒否感を平等の知恵に代えたところに、みごとな国造りがあったと思う。

しかし反面、そこに刻まれた負も忘れなかったはずだ。すなわち母の残影をいつまでも背負うことになる負を。

日本文学は驚くほどに強く、母恋いをモチーフとする。巨大長編『源氏物語』はその代表だろう。

当面の異類でいえば陰陽師・安倍晴明にまつわる信太《しのだ》の森の話も典型のひとつといえる。

母なる狐への母恋いが晴明の根底にある。

こうした、母恋いの源としての異類婚の悲話は、だから、日本の社会が母系制から父系制へ移行していったころから発生し始めたのかもしれない。

日本列島が群小国家の集合から、少しずつ統一国家への道を歩き始めようとしたころのことである。それを「文明」が少しずつ、幅を利かせ始めたころといえば、人獣相姦が罪とされたことと、それは軌跡を一つにすることとなる。

六

瞑想による歴史の追憶

敗北を抱きしめる日本人

つい最近も能の「舟弁慶《ふなべんけい》」を観た。

平家一門を壇の浦に追いつめて滅亡させた源義経は、その後兄頼朝の不興をかい、大物浦《だいもつのうら》（兵庫県尼崎市）から西国へ逃れようとする。しかしいとしい静とも別れて海上に出ると、荒れ狂う波濤の中から平知盛の亡霊が現われて義経に斬りかかってくる。

応戦する義経、仏法の念力によって義経をかばう弁慶。ついにしりぞけられた知盛の霊が波間を遠ざかって行く――。

ことに「舟弁慶」は打物《うちもの》をもつ大立ち廻りが華々しく、とかく単調なのが能だから、この曲は外国人向けによく上演される。今日でも、ごく日常的に観られる曲だろう。

要するに日本人は、多くの外国人にも紹介しつつ、平家の滅亡（一一八五年）を千年近い後のちまで忘れずにいるのである。

たしかに平家が滅んだことは、大きな政治上の変動であり、忘れがたい事件であるにしても、『平家物語』という一大文学を作り上げ、能ばかりか歌舞伎にも「平家物」とよばれる一連の芝居を作らせ、平家琵琶をもって平家の運命を語る、独特の法師まで生んだとは、ただごとではない。

滅亡によせる日本人の、独特な情感を考えるべきであろう。

近代の歌人・若山牧水は信州小諸の城跡に立って、

かたわらに秋ぐさの花かたるらくほろびしものはなつかしきかな

「わが傍らで秋草の花が語りかけてくることよ。滅んだものはなつかしい」と歌った。滅びし者によせる特有の哀感は「なつかしし」むことであった。

またアメリカのジョン・ダワーは第二次世界大戦における敗北を、日本人が「抱きしめ(embrace)」たといった。

敗北に対する日本人の反応はさまざまだろうが、その中でアメリカ人が、「抱きしめる」

といったのは、きわめて適切な表現だった。

平家の滅亡は今なおなつかしまれ、抱きしめられているのである。

死者の魂を鎮めることば

それではなぜ日本人は敗北を抱きしめるのか。

ひとつの理由に、長らく語り手として死者をなぐさめる職業にたずさわる集団があったことがあげられる。

たとえば古代の殯宮《ひんきゅう》(死者を厚くもてなして冥界に送る建物)の儀式に参加する遊部《あそびべ》とよばれる者は凶癘《きょうれい》の魂を鎮める者だった(五来重「遊部考」)。

多くの死者の鎮魂回向《えこう》が平安時代の末ごろにおこなわれたが、その折に働いた者たちの中に説経師がいた。

彼らは仏法を唱導し、経典を説く人びとだったが、鎮魂回向に際しては死者の生涯を語り、最期をとげるさまを語った。

また、すこし後に応仁の乱を経て戦国時代を迎えると、時宗(衆)の僧たちが戦陣に加わった。彼らは臨終の十念をさずけて死者を供養し、遺骨まで拾集した。

この習慣は明治十(一八七七)年の西南の役までつづいたという(林屋辰三郎「時衆と阿弥文化」)。

そして平家物語を語った、当の琵琶法師自身が、古くは雑芸の輩であり、物語を語り、やがて疫神・怨霊の鎮撫に従う者だったのである(砂川博『平家物語の形成と琵琶法師』)。

わたしは、このような死霊鎮魂の専門集団のおびただしい存在におどろく。

それは、どのような精神構造から出現してくるのだろう。

そもそも人間は、死後の存在についてさまざまな想像を生んできた。誰でも知っていることだが、中国人は魂《こん》と魄《はく》とがそれぞれ天地に帰る鬼《たましい》だと考えた。精神に宿る魂と肉体に宿る魄。仏教は輪廻や六道によって死の世界を構築してみせた。

しかし右の鎮撫集団は異質の物のように思える。

もっと生なましいではないか。彼らが見た死者は死してなお、肉体をもっているように見える。

あの「舟弁慶」の平知盛にしても形相すさまじい痩面をつけ、荒あらしく力にみちて舟に襲いかかる。

予備知識なく、この場面だけを最初に観た人は、知盛が死者とはつゆ思わないだろう。

それほどに能の死者は生なましく、肉体とその力をもち、生者と葛藤をつづける。

ここには、日本人がもつ、死者への明瞭な可視性ともいえるものがある。死者は一向に姿を失ってはいない。遠い彼岸にいるのではない。

どうやら日本人にとっての死は、生とさほど変らない存在らしい。

日本人が本来「死」(肉体の変化)を意識せず、生霊、死霊などと併称し、魂の自在な交流を認めていたのは、合点がいく。

そこでこそ、死霊の安らぎのためには、十分な生との区別が必要になる。魂は生の世界を離れ、別の十全な生をもって、安らかな死の世界に転生しなければならない。

以上にあげた遊部も説経師もまた時宗の僧も琵琶法師も、この死者との相通性の中から発生した者どもであろう。

それでは死者の霊は何によって別世界に安住させられるのか。

ことばによる回向である。

遠くさかのぼると、殯宮における柿本人麻呂の挽歌は、遊部が管理したことばを根として形作られたにちがいない。

説経師は、いわゆる説経浄瑠璃をのちに作り出した。森鷗外が小説にして有名になった「さんせう(山椒)太夫」などがそれだ。

時宗の人びとともなると、阿号《あごう》をもった人びと、それこそ観阿弥、世阿弥もその内だし、直接世阿弥は平家能の作曲を担当した。

そこでもうひとつ、慰撫のことばを直ちに死者に向かって発するのではなく、第三者に対して語られるところにも意義がある。

死者を主人公とする物語を語り出すことで、死者の霊がなぐさめられるという信念なのである。

これを、どのような回向といえばよいのか。

たとえば知盛は霊となって襲いかかっても斥けられるのだから彼は功名をたてたわけではない。すなわち「舟弁慶」は功名を賛えることが本意ではない。むしろ死者の血統を語り、人間の器を大衆に告げることが死者への慰撫であった。

この中には古代以来の「語りつぎ　言ひつぎゆく」ことば自体への賛美が、みごとに継承されているではないか。

なぜ語り手は盲目の僧なのか

さてそれらの中で、もっとも完成した慰撫が『平家物語』であった。すでにあげた平家一門の滅亡を、琵琶法師が語ったものである。

この琵琶法師たちが盲目であったことには、由来がある。

遠くインドで釈迦が、盲目の弟子、巖窟《がんくつ》尊者を憐んで琵琶をあたえ、地神陀羅尼《じじんだらに》経を唱え、土荒神《どこうしん》の法を行うよう勧めた。これが盲僧琵琶の起源だという（吉川英史『日本音楽の歴史』）。ただ異説も多く、琵琶を弁財天が授けたとする説もあるが、いずれにせよ、琵琶は盲目尊者の伝説をともなって中国、朝鮮を経過、日本へやってきたはずだから、盲目者による琵琶演奏とは、すでに運命づけられた聖なる契約だったといってよいだろう。

しかも、なぜ琵琶なのか。巖窟尊者には当時の楽器なら琴でも箜篌《くご》でもよかったろうから、盲者が琵琶を必然とする理由は、音色にある。四絃の音から響くものが重要なはずだ。

さらに日本の十世紀の歌、万人があげる平兼盛の「琵琶の法師」の歌には、

四つの緒に思ふ心をしらべつつひき歩《あ》りけども知る人もなし

と、すでに琵琶を弾き歩く様子がよまれている。盲目のみならず遊行《ゆぎょう》まで要求する楽器が琵琶だったのである。

そしてその楽器によって平家の滅亡史を語らせたとは、平家の滅亡史には眼を閉じて語らせる必然があったからだ。

思い出すのは長塚節の、

馬追虫《うまおい》の髭《ひげ》のそよろに来る秋はまなこを閉ぢて想ひ見るべし

である。

そういえば、先のインドの伝説にもどると、アショカ(阿育)王の王子クナーラ(倶奈羅)は父王の后の愛を拒否したばかりに目を抉られて盲目になった。そこで巖窟尊者の弟子となったという伝説もある。

日本の盲目の景清伝説も再生する話である。ここにも、失明にまつわる楽器として琵琶が見える。

これほどに眼を閉じることが琵琶の楽の音にかない、平家滅亡の歴史にふさわしいとされたと思わずにはいられない。長塚節ふうにいえば、平家滅亡は「まなこを閉ぢて想ひ見るべ」き悲劇なのだ。悲憤慷慨《ひふんこうがい》などしてはいけない。

まなこを閉じよ——瞑にして思いみよとは、平家哀悼には瞑想するという、まるで掟のような物ができているのだろうか。

だれもが知るように『平家物語』の冒頭は、

祇園精舎の鐘の声、諸行無常の響あり。沙羅双樹の花の色、盛者必衰《じょうしゃひっすい》の理《ことわり》をあらはす
という名文から始まる。「インドで釈迦が修行した寺の鐘は、万事無常の響きをつたえる。釈迦の死をおおったサラの木は色を白くかえ、勢を誇った者も必ず衰える道理を示す」というのである。

この滅びの道理は、琵琶の音とともに瞑想の中から告げられるしかなかった。

ところで平家は瀬戸内海の戦いに敗退しつづけ、ついにその最後の海、壇の浦の合戦において全滅した。

この終焉は、ふしぎなほどに瀬戸内海と符合する。というのは内海として有名なのはギリシャとアフリカの間の地中海であり、瀬戸内海の名も、地中海と同様の地形にちなんだ呼称らしい。

この地中海は英語でMediterranean《メディタレイニアン》 Sea《シー》という。たしかにこの海は、ヨーロッパとアフリカの両岸に挟まれているが、地中海をこのように呼ぶ意義は、地形にとどまらないのではないか。この海は古代ギリシャの偉大な哲学を生み、中庸を至高の徳とする思想に達した。すなわちMediterranean Seaはまさに瞑想(meditation《メディテーション》)の内海だったといっていい。

盲目の瞑想の僧によって語られるべき平家の歴史は、終末を日本の瞑想の海によって閉じる。

この離れ業は、人間の力をこえたもののように思う。

瀬戸内海の合戦において、おびただしい平家の公達、官女たち、いや帝までが瞑想の海の底へと沈んでいった。

幼帝・安徳帝は「浪のしたにも都のさぶらうぞ」(第十一巻　先帝身投)という二位の尼に抱かれて入水した。幼帝は瞑想の中に深く沈んだままで、戻ってきた姿を見た日本人は、いまだにいない。

この瞑想の海に沈んだ歴史を、瞑想の中に追憶する物語から、千年後の日本人はまだ解放されていない。

しかも悲劇は平曲にとどまらず冒頭に述べた能にもとり上げられ、そこに登場した義経の大物浦の物語は歌舞伎の大当り曲「義経千本桜」にもとり入れられている。

いやいや、舞台ばかりではない。日本中いたるところに平家の落人伝説が存在し、落人集落がある。そこに伝えられた子守り唄も、日本人の愛唱する歌のひとつである。

瞑想することによって追憶するという、歴史をさかのぼる装置は、時代も空間も、ジャンルもこえて日本人の情感の中に存在しつづける。

これを積極的に抱きしめることで、日本人はアイデンティファイされるのであろう。

この限りない感傷力は、内在するものへの凝視に他ならない。したたかな内向力である。

第四章

藝術

黒地と白釉の調和がみごとな本阿弥光悦作「国宝　白楽茶碗　銘　不二山」
（公益財団法人サンリツ服部美術館蔵）

一 「もの」を「あわれ」とする物語

上村松園は『源氏物語』の最良の読者だったか

女流画家として初めて帝国芸術院会員となった上村松園《うえむらしょうえん》(一八七五〜一九四九)に、『焔《ほのお》』という作品がある。見るたびに、戦慄《せんりつ》をおぼえる傑作である。

ひとりの若い女がやや腰をひねり、俯《うつむ》き加減にこちらを振り向いている。袖がひるがえり、今しも見返ったばかりの風情。長い髪は背中から足許にとどき、そのほつれ毛を、女はくわえる。

帯は見えない。細紐か何かで巻いているのであろう。その下着めいた着物には蜘蛛《くも》が巣をひろげ、藤が長く紫色の花を垂れる。

この絵を名づける「焔」とは、いうまでもなく女の心に燃えるものだろう。

わたしは、菱川師宣《もろのぶ》の「見返り美人」その他について「振り向く」姿の不吉さ、呪《のろ》いにまで発展する意味を考えてきた（中西『古代日本人・心の宇宙』ほか）。これもそのひとつ、呪いの姿に違いない。

いったい、この焔となって燃えさかる呪詛《じゅそ》は、何を原型《モデル》として描かれたのだろう。じつはこの絵は能の『源氏物語』にもとづく「葵上」を描いたものだという。葵の上が藤壺の霊にとりつかれる件《くだ》りで舞台には藤壺は姿を見せず、着物がおかれるだけである。

藤の図柄はそれを暗示すると思えるが、一方この物語には、物の怪《け》となってまで、光源氏周辺の女にとり憑いた六条の御息所《みやすどころ》がいる。蜘蛛の巣でからめとるような情念を燃やしたのは、彼女である。

松園はこのふたりを合体させた人間像を絵姿としたのではないか。

もちろん身にまとう着物は江戸時代ふうだから、この図柄は長い時間を抱えこんでいる。時として物の怪となって顕在化しつつ、深く心の深奥にたたえられる情念は、いつと時代を限らない、人間恒常のものであろう。

六条の御息所は、皇太子妃として、つぎの皇后を約束された身でありながら、皇太子の死によって、今は残余の生をひっそりと養う身である。『源氏物語』の作者はこの女に六条という地点《トポス》をあたえた。

じつは生涯、皇位を望みながら死に、死後に怨霊となって新帝をおびやかしたと伝えられる源融《とおる》という皇子がいる。他ならない光源氏のモデルといわれた彼は、広大な院を六条にかまえた。六条とはあの地点である。別名河原の院。のちに河原者とよばれる卑賤の者が住んだ、その河原に院はあった。

にもかかわらず光源氏はこの世界にまで忍び歩きをして、溶暗の中に沈む未亡人の影を背負い込む。しかも作者は六条から放射されるラインを物語の重要な陰の軸として、源氏地図の中に太ぶとと設定する。

のちのち、六条が光源氏の住居となるほど、この未亡人の影は物語から消しがたい。

一方の藤壺も、光源氏とのあやまちを長く深い負として生きた中宮である。

光との間の不義の子がのちに冷泉《れいぜい》帝となる——といった筋書きは、作者が認識する、業《ごう》のおどろくほどの深刻さを示すだろう。

もちろん桐壺の帝は不義を知るよしもない。冷泉帝も知らない。知らないといえば、事件そのものの明瞭な叙述も一切ない。

一片の影すら見せない事件の設定。藤壺は、そこから異常な影を曳きつづける筋の主役の演技者である。この大胆な構造が『源氏物語』にある。

いやいや主役といえば、御息所も負けてはいない。彼女の物の怪は光源氏の正妻・葵の上を苦しめ、安らかに出産させない。また紫の上が危篤の折にも物の怪となって襲う。さらに女三の宮が不義に苦しみ、受戒しようとするとまた御息所の霊がとり憑く。あからさまに書かれてはいないが、夕顔を殺したのも御息所の霊らしい。六条の御息所の主役ぶりはいかばかりか。それでいてすべて彼女の役どころは霊、物の怪としてであり、生身の振舞ではない。

反対に生身が登場する葵の上との車争いでは、御息所は屈辱的な敗者である。現し身の敗北、隠り身の勝利、それが六条の御息所の『源氏物語』全編にわたる役どころである。『源氏物語』とは、じつはこのような「もの」の物語であった。何も、華やかな宮廷絵巻でも恋愛図鑑でもない。

この構図を一言でいうとすれば、あの松園の絵しかないではないか。松園は『源氏物語』の最良の読み手だったのではないか。

現実の闇の告発

『源氏物語』は、さらに人間の闇を語りつづける。

まず主人公を源氏とする。そもそも源という姓は、王朝時代、皇子たちが五代をもって皇室を離れ、臣下として名乗ると定められたものであった。

皇室にあってこそ保護されていた者が、その特権の枠を外れるのだから、源の某は特権からの流離者だといってよい。

光源氏はその上、異常が人相にまで現われる危険をかかえていた。第二皇子でありながら、このままだと異変がおこると人相見に判断され、そのまま臣下に降されたのである。

それ以後、実際に身を須磨・明石という都世界の境界にまで運ぶという流離を経て、院をもってよばれるほどの身分になりながら、苦悩つづきの心をかかえて五十歳あまりの生涯を終える。

この物語の主人公が実在の源融をモデルにしたらしいことはすでに述べた。融は物語にそのまま踏襲されたように六条の河原院に住み、長く皇位を望みながら天皇となることができないまま世を去る。

この、源氏姓の者であることを実証するような融の生涯を、同時代の物語の読者はすぐ思い浮かべたことであろう。

要するに、『源氏物語』というこの物語のタイトルは、そんな王権の中に運命づけられた流離者の物語だという断《ことわ》り書《が》きとして掲げられたものだったのである。

だから光源氏とは、光り輝くような外見が、いかに内面に、うらはらな心の闇を抱えているかを、際立たせるための装置であった。

いやこの悲しい主人公は生前に心の闇を抱くだけではない。死の実態すら、語られないのである。

光源氏はさすらいの人生ののち、どうなったのか。永遠の謎として、千年あまりを光源氏は読者の心の中にさまよい続けているといってよいだろう。

彼の死は妻(女三の宮)のあやまちの子、薫《かおる》の追憶の中でしか語られない。その中では光源氏は念願の出家をはたし、嵯峨《さが》の院にこもって三、四年をすごしたのちに死んだという。

なにしろ、この小説では死に向かう光の命の傾斜を描きながら、巻をかえて、数年をおいてつぎの物語がはじまると、もう死んでいる。その間に、何も本文のない「雲隠《くもがくれ》」という一巻だけがあるという、心にくい構成なのだ。

主人公は死後にも流離者だったのである。

それでいて生前を描く最後は「幻」の巻末、大晦日《おおみそか》に新年の準備を終え、次代の主人公となる匂《におう》の宮の幼い姿を中心としながら、歌をよむ件《くだ》りである。その一首、

物思ふと過ぐる月日も知らぬ間に年もわが世も今日や尽きぬる

は「夢のごとき月日をすごして今年と共に自分も命を終わるのか」という死の予告である。新春の華やかな準備、燥《はしや》ぎまわる幼子。その旺盛な命を逆説として、光源氏は死の闇の中へと退場していく。

また『源氏物語』はさらに、苛酷な現実を描く。葵の上の死について(「葵」)、遺族は彼女が生き返るかもしれないと思いつつ日をすごすうちに、遺体が少しずつ腐乱していく――「そこなはれ給ふ事どものあるを、見るも尽きせず」葬りきれない。腐乱に堪えられなくてやっと埋葬したという。

また、舞台が宇治に移ったのちに、浮舟をめぐる叙述も、時として荒あらしい。「手習」の巻でのこと、中将の強引な求愛がうとましく浮舟が母の尼の部屋に隠れると、ふたりの尼が劣らじとするかのような鼾《いびき》合戦に会う。そして「いと恐ろしう今宵、この人びとにや食はれなん」と思う。

夜中になると母の尼が咳きこみながら起き出す。見ると揺らめく灯影の中で白髪の上に黒い衣をかずいていて、浮舟を見るや、まるでイタチがするように額に手をかざして「怪《あや》しこれは誰《たれ》ぞ」と執念深い声を発する。

浮舟はますます、食われてしまうのかと思う。男の毒牙を逃れてきてはみたものの、隠れ家はイタチどもの住む世界だったのである。

作者は意図的にこうした周辺を人間の傍らに用意するのであろう。情調にのみ溺《おぼ》れるかの観があるこの物語は、じつは一面に現実の苛酷さをちりばめたものだったのである。

本居宣長の「もののあわれ」とは

しかしその上であえて物語は情調の中に事を鎮《しず》めようとする。またこれらの肉体の腐乱や怪しげなけものたちとの共棲の世界からの解脱《げだつ》を求めようとする。

解脱とは出家のことである。すでに光源氏の出家にはふれたが、つぎつぎと「物の怪」に襲われた光の三人の「妻」たち――葵の上も紫の上も女三の宮もそろって出家を願い、右に述べた浮舟も横川《よかわ》の僧都《そうず》によって「もの」から解放される。

僧都をはじめ弟子たちがとりどりに修法をすると、やっと浮舟の物の怪が調伏《ちょうぶく》されて、成仏できずにいた僧がとり憑いたのだと語る。浮舟を実験台として語られた、俗体にとり憑く「もの」は、つぎつぎと出家をいそぐ人たちの陰の姿なのである。

「もの」と出家といえば、何やら古い六世紀の蘇我《そが》・物部《もののべ》の戦、「もの」とほとけの戦がいまだに続くようだが、まさしく出家願望という「あわれ」を、「もの」に相対させる構造こそ、古代がひきずる大課題であり、『源氏物語』がそのひとつの大きな達成点だったことの証拠に他ならないだろう。

そもそも「もの」とは、縄文時代の昔にはマナとよばれる、浮遊する魂そのものだった。それでいて、モノ・イズムは今日まで抜くべからざるものとして日本が持ちつづけるものであったことは、別に述べたことがある(中西『こころの日本文化史』)。

じつは『源氏物語』では恋愛を「もののまぎれ」とよぶ。まさに魂の強いる錯乱が、人間の心を恋という形で襲うのである。

いや、そういえばものものしいが、人間が恋をするのはごく当り前のことで、とり立てていうまでもない、生活の実態にすぎない。

だから『源氏物語』とは、今日ふうにいえばセックスとよぶようなものを大袈裟に、五十四巻の小説に仕立てたまでだ、ということになる。

そんなものを世界最古の傑作などとよんでよいのか。

いや、そこで論議は核心にふれる。ここにこそ日本の特性があることが大切だろう。

『源氏物語』が、縄文人以来の、ごく平凡な生態でしかなかった性愛を、錯乱の人生をもっとも適切に表象するものとして見定め、愛欲を芸術上の課題に引き上げ、そして美しき情念としてとり上げたことが、大きなできごとであった。

これは愛欲の、文化とよぶべきものへの見直しだったのである。しかも本居宣長は、この情感を「もののあわれ」といった。「もの」いやさらに遡るとマナは「あわれ」という感動の対象として感受されたことになる。

世界に目をやると、古代の物語として目立つものは多く王の物語である。王を語ることに熱心だったユーラシア大陸西方の仲間たちに対して、東方の海洋国・日本の古代人は、人間の「もの」にこだわって、その上に情感の文芸を築き上げたのである。

二　庭園の三つの約束

聖地でありつづける日本庭園

日本には今でも観光客をよんでいる「日本庭園」がいたるところにある。漠然とそう思っていたところ主要な日本庭園は約三〇〇〇と記されているのを発見しておどろいたことがある。さらには名園といえるものも一二〇〇ほどある（『万有百科大事典』）。

日本人の生活の中に「庭園」が深く入りこんでいる証拠であろう。

しかもそこには明確な約束がある。この約束にこそ、日本的なるものがあるのだから、外してしまうと、庭園でなくなる。

では、約束とはなにか。それを主要な三つにしぼると、第一は、島を築くことだ。島はまわりに水がなければならないから、必然的に池を掘ることになる。

庭園といわず個人のささやかな庭でも、まず池をしつらえると庭ができたと、ほっとするのではないか。わたしは昭和の初め、ごくふつうの家庭の生まれだが、その家の小庭にも池に睡蓮が浮かび、手を叩くと寄ってくる鯉がいた。

はるかにさかのぼっても、飛鳥の朝廷には広大な園池のほかに、宮殿のほとりに方形の池が見つかっている。

なぜこんなに池にこだわるのだろう。

日本人はまず神仙郷を身のまわりに作りたかったらしい。中国の古い思想に、蓬萊《ほうらい》その他の島じまが東海にあり、そこは神仙郷だという考えがあった。不老不死の島だから紀元前三世紀の秦の始皇帝は仙薬をとって来いと徐福らを遣したという。そこで住居を神仙郷とするために池を東海に見立て、蓬萊の島を中央に据えたのである。

やがて六世紀にインドの仏教が日本に入ってくると、蓬萊の島は須弥山《しゅみせん》にとって代わられた。世界の中心の海中に高くそびえる聖山で、太陽も月も星もそのまわりを廻っているという高山が須弥山である。だから今でも仏さまは須弥台に坐っている。

そうなると池を掘り須弥山を目のあたりにする住居は、さながらに聖地と変わるのだから、池を掘り島を作る効用は抜群となる。

もうひとつ、万事ペルシャ好みだった八世紀の天平時代の宰相、橘諸兄《たちばなのもろえ》は、清水の湧く山城の井手の地に別荘を築き、湧水を堰《と》めて池とし、出島を造ってそこに山吹の花を一面に植えたという(鴨長明『無名抄』)。

この伝説は「井手の玉水」という歌枕となって長く伝えられたが、これまた当時のユートピア伝統にもとづくものだから、庭の思想はここで再度変わったことになる。

また日本は中世に中国から禅の思想の影響を受けるが、庭は造作こそ違え、中心とする聖空間の思想は変えなかった。

こう書いてくると、すでに読者の中に中国の庭園との類似を疑う人も多いのではないか。たしかに中国の蘇州には幾つもの名園があり、池を掘り、亭を配する。しかし、それはより多く、山水をまねた空間の興趣を愛しているように思う。『楚辞』に登場する漁父《ぎょほ》を慕い、その境地を再現するなど、おそらく中国では、隠逸の風格がより優先するのではないだろうか。

それにくらべても日本庭園はあからさまに深山幽谷をまねるでもなく、思想をことさらに主張するのでもなく、一定のルールにかなった構造を提出するだけである。純粋な精神性が濃い。

ましてやヨーロッパの庭園はいっそう異質である。幾何学的に区切って花卉《かき》を植えるイギリス庭園は、クロイスター(修道院)の中庭に薬草を育てた中世以来の伝統をひく、別種のものと思われる。

またベルサイユ宮殿が擁するカナル(運河)は壮大な風景の所有でこそあれ、ユートピアを再現するものではない。

ほんの一例にすぎないけれどもこうしてみると、日本庭園の精神性の高さは希有といってよいだろう。

じつは日本の庭園が古墳の造作から始まるという説すらある。こうなると、なおのこと異界への親近性、独特な神仙や仏の世界の再現が精神の根底を作ったことになる。

ユートピアをわが身によびよせて、その一員となろうとする情念が、おそらく庭園の一木一草にも及んで美しい景観を出現させたであろう。

石によって風情をめぐらすという作庭法

庭園の第二の約束は、庭を石で築くことだ。

京都・龍安寺は「石庭」の寺として有名である。いついっても広縁に坐りこんで永い間庭を見つめつづける外国人がいる。それほどに石が彼らの心を魅了しているということだ。

なぜかと、その由来を尋ねると、じつはこれまた太古以来の日本人の情念につき当たる。

久しい時間の彼方以来、日本人は石を神の磐座《いわくら》として尊崇した。石があると、神やどり給う石として尊ぶのである。

現に、わたしたちは墓石と称する、故人の居場所を定めている。

反面、同じアジアだのに中国では岩山の大石面に好んで字を刻む。天に真向かう、書の晴れ舞台と思うのかもしれない。

少くとも神の磐座とは思えない。

じつはかつて『日本書紀』(第一巻、神代第五段)が伝えるイザナミの神の鎮まります「花の窟《いわや》」(三重県熊野市)をふしぎに思った。

ほとんど凹凸のない巨大な岩面がそびえるばかりだ。これでは籠《こも》りようもないではないか。さしずめ中国人にとっては絶好の紙面だ、と思った。

しかしそれは浅はかな空想であって、巨大な岩こそ巨神の磐座なのである。日本人は岩石を単に「いわ」というだけでなく「いわね」(岩根)という。「ね」という不動なるものの証明を加えて、この鉱物をよぶことは、磐座の思想と同一のものであろう。

庭園における石の尊重は、これらに由来すると思われるが、さらに石の中でも直立する石――いわゆる立石に対するいっそうの信用が日本では重要になる。

そもそも石が動かないものなら、巨大な重量をもって横たわっていてこそ理解できる。それに対して立石とは危なっかしい。

だから立石を尊重し信仰するにいたるプロセスは、直立する形への畏怖、敬虔《けいけん》の念によるしかないであろう。

自然の立石自体を特別視することから始まった立石信仰は、やがて庭園の中心をなす立石となる。

有名なのは二〇一一年ユネスコの世界文化遺産に登録された奥州平泉の遺跡の中の、毛越《もうつう》寺《じ》庭園の立石であろう。すでに大半を失っているとはいえ、広大な池をもつ浄土式の庭園のひと所、池畔の寄せ石の先の池中に、今も立石が傾いて立てられている。

傾くのは倒れかけたのではない。わずかな傾きが石を動きある物に変え、そこに生ずる霊力を尊ぶのであろう。

そこで立石は三尊《さんぞん》石にもなる。中心の如来と両脇侍とに見立てた石である。京都、龍源院のそれも、中央の如来石はあえて傾いて立てられている。

しかも「石を立てること」は、あの造園法の古典『作庭記』の最初に述べられる、最重要な庭のしつらえだった。

では著者は、石を立てることの意義を、どう心得て庭の最重要な課題と考えたのだろう。

『作庭記』は次のように立石を心得る。

第一に、「所々に、風情をめぐらして、生得の山水を思はへて」立てよという。立石は風情をめぐらすものであった。

ことごとしく宗教的思想などを云々してはいけない。王朝の人びとにとっては風情こそが最高の美学なのである。

第二に、「家主の意趣を心にかけて、我が風情をめぐらして立つべきなり」。作庭者が住人の意趣を汲んで、風情をめぐらせて立てるものが、石であった。

そして最後に国々の名所を思い起こし、大景をまねて、「やはらげ立つべきなり」という。名所をまねてはいても、それが見え見えでは、はしたない。十分こなれた物として、名所もどきを作ることとなる。

論者によっては、この「石を立てる」とは「庭を作る」と同義語だというのだが、それほどに立石が庭の最重要事項だったとは、おどろくべきことではないか。

石をもって風情をあらわすという営みは並なみでない日本人の、情調の賜物と考えるべきであろう。

それでこそ枯山水もよく理解できる。枯山水の庭に、山水はないのではない、枯れるというあり方をする山水がある。色に枯野色があるのと同じで、これこそ「生得《しょうとく》の山水」といっていいだろう。

もとより枯山水を演出させるものも石である。瀧に見立てた立石、水に似せた白石。そしてさらにみごとなのは小石を並べた洲浜《すはま》であろう。

とくに京都、仙洞御所の巨大な洲浜は海岸の砂浜という、水から陸への徐ろな地形の変化を果敢に出現させようとする。砂より大きい玉石をしかも粒揃いにしたことによって、寄せまた返る波頭が出現した。流動してやまない波を永遠化するのである。

灯りをともす立役者たち

さらにもうひとつの約束がある。

徹底的に石を素材として庭作りをしようとした日本の先駆者たちは、じつは平面や立面を石でしつらえた庭に、この空間にきわだった役割を担うもうひとつの点景をおいた。

これまた石で。

いまや欠かせない、日本庭園の条件ともなった灯籠である。

いちばん普通に見られるのは、いわゆる春日灯籠だろう。

おそらくこれが奈良の春日大社に参道を照らすために並べられたものの形式だったから、そうよばれたのだろうが、それほどに灯籠は道の灯《あか》りをともす道具だった。寺社に似たような形の常夜燈がある。それが灯籠の日常版である。

何のことはない、今でいう街灯のようなものだ。それを庭のしつらえとして置いたのである。

池に水をたたえ、石を立てた空間に、いま灯りが参加したことになる。もちろん夜間、まわりを明るくする実用品として使ってもよいのだが、夜間用の照明として役割を果たすというよりも、やはり風景に点景として存在するのが灯籠であろう。

それなりに、形にも工夫がこらされた。こう話を灯籠に向けると、いちばん多くみなが思い出すのは、金沢、兼六園の灯籠ではあるまいか。水際に不自然なほどに脚をのばして立つ、あれである。

ところがこれは徽軫《ことじ》灯籠とよばれる。あの山型の脚は、何と琴柱《ことじ》だった。その上に火袋《ひぶくろ》が乗っているのである。なるほどと感心すると、笠の広がりが異様に広い。つまり、脚の広がりとバランスをとっていることにも気づく。

心憎い。いやもっと心憎いのは、琴柱だと思うと琴の音がここから響いてくることではないか。無音の楽の湧きおこる水辺。じっと耳をすまさずにはいられなくなる。

そもそも街灯だから見つめていると、ありもしない灯りがそこからやがて漏れてくる。

庭を見わたすには薄暮がよいのだろうか。ほのかな灯りがこぼれるのかと視野を疑いながら、流れていく時間に身を委ねるのが、日本庭園の見方だろうか。

日本人にとって、こうした異常体験はお手の物である。『さがしてみよう日本のかたち　七　庭園』という好著にはさまざまな灯籠の紹介があって楽しいが、袖形だの玉手(手毬)形だの蜻蛉《かげろう》形だのという姿がある。

片袖形灯籠とは火袋の形が横から見ると袖のように見え、しかも中央部がえぐれているから袖を衣桁《いこう》にかけたように見える。片袖の中にともす灯りの幻影。

この抜群の比喩は、いかにも日本的である。日本庭園はそんな卓抜なイメージも宿しながら、千二百年も営まれてきたのだった。

三　茶室が湛える情感

茶の「さび」による茶室の日本化

日本文化を代表するもののひとつとして茶道をあげることに、誰も異存はないだろう。しかしそれが茶を飲むことだと、改めて考えてみると驚きも大きい。しかも、五百年以上もの間、日本人が茶室という独特の空間を必要としつづけているとなると、軽がるしく考えることができなくなる。

のみならず、茶室の存在感は現代の庶民生活にまですっかり入り込んでいて、わたしも子どものころ、いま風にいうリビングルーム兼ダイニングルームを「茶の間、茶の間」とよんでいた。なぜダイニングルームが茶を飲む部屋とよばれるのかは、長いこと、わからなかったが、いま思い当って見ると、その部屋はまさに茶室基本の四畳半の広さだった。

これほど一般家屋にまで入り込んでいる茶室とは、一体、何者なのか。

今日、「わび茶」ということばをよく聞く。この「わび」を大事にする精神から、有名な茶人たちが茶を点《た》て、茶を喫《きっ》する建物、すなわち茶室を「山居《さんきょ》」のように建てることが行われた。

そもそも茶の湯は大名たちに好まれ、次第に庶民の間でももてはやされるようになる。この茶の湯の庶民化に成功した人が村田珠光《じゅこう》（一四二三〜一五〇二）だといわれ、その後継者、宗珠《そうしゅ》（生没年不詳）が京都の市街地、下京にまるで山中の建物のような茶室を建てた。この伝統が以後引きつがれて、千利休（一五二二〜一五九一）の堺市の茶室に及ぶと、当時来日していたキリスト教の宣教師、ジョアン・ロドリゲスがこれを「市中の山居」とよんだ。

ではなぜ宗珠らは市中に山居の茶室を造ったのか。

町中の俗生活を嫌って、山中に草庵を営んだ隠者を真似たからだ。だから宗珠の茶室は「市中ノ隠」と言われた。

じつは中国に「小隠《しょういん》は陵藪《りょうそう》に隠れ　大隠《たいいん》は朝市に隠る」（王康琚《こうきょ》「反招隠詩《はんしょういんし》」）という詩の一節がある。本物の隠者はわざとらしく山の中に逃れて草庵などつくらない。山中の隠者は小物の隠者だというわけだ。

つまり市中山居の茶室は、自分こそ大隠のごとく生きる者だという宣言だったのである。

そこでたった一間《ひとま》だのに茶室は独立の建物となった。釈迦の弟子、維摩居士《ゆいまこじ》は一丈四方（つまり方丈）の庵に起居し、鴨長明はその真似をして『方丈記』を書いた。茶室はそれにならったのである。方丈は四畳半の広さ、まさに茶を喫する場所が「四畳半」だった。

もちろん山居――山家ふうは狭いだけでは成り立たない。いまも多くの茶室がそうであるように、茶室の柱は丸太、さらには黒木（皮がついたままの木）の丸太や自然のままの枝ぶりがかえって好まれた。屋根も萱葺《かやぶ》きや竹葺き（裏千家の中門など）。天井にも竹を大量に使い、竹を編んだ網代《あじろ》もよく用いられる。

要するに素材をそのまま使う構造である。壁に反故紙《ほご》を貼るのも、なじんだ紙を使う心遣いだろう。

このように草庵は、自然の植物の侵入を自由に許し、茶人をさながらに自然の中に坐るような気にさせる。何の飾りもなく、自然の草木の中にいるという構造。これはまさに自然そのものの尊重である。

「わび」「さび」についてはすでに言及したが（一七〇ページ）、「その物そのまま」であることを、日本人は「さぶ」と表現した。いかにもそれらしいことを「神《かみ》さぶ」とか「少女《おとめ》さぶ」とかというのとひとしい。つまり自然そのままの価値の尊重が茶の「さび」の尊重であり、それを実現すべきものが茶室だったのである。

むかし、珠光以前の茶は床の間に舶来品(唐物《からもの》)を飾り立てた。それへの反抗が「さび」茶で、それと同時に、日本ふうも誕生したことになる。

ところが興味ぶかいことに、八世紀の奈良の都の人間が板葺屋根に黒木を使って家を建てている(『万葉集』巻四)。また時の宰相、長屋王が、佐保の山中にススキを逆葺きにした黒木づくりの草庵をもっている(同巻八)。「さび」の山居はすでに奈良時代に成立しているのである。

そして十世紀の伊勢神宮の遷宮式でも、黒木板葺の仮殿《かりどの》に神霊を遷した。

つまり宗珠らにとって「山居の体」とは従来の虚飾化を排除するだけのものではなかった。すでに存在した、神域の建物が自然そのものを活かすという「さび」の価値観に、茶の精神を一致させ、建築構造が伝統とする聖化の心を、茶室の上に実現させたものだったのである。

この点、茶の「さび」の精神は唐ふうの伝統に対してみごとに日本的な神聖さを求めたものでもあった。

「わび茶」による茶室の精神化

茶の伝統は村田珠光の後、武野紹鷗《じょうおう》(一五〇二〜一五五五)、千利休とうけつがれる。この継承のなかに、「わび茶」が完成する。

すでに見たように、古く茶の湯では床の間に唐物を飾って喫する習慣だったが、茶が唐物など持たない町人の中にも普及したから、勢いその対応が求められるようになった。

そこで唐物など飾らない茶が視野に入ってきて、これを「わび茶」と称した。おのずから床も不要、狭い座敷でよいことになる。四畳半すら広くなり、利休の一畳半の茶室まで誕生した。

しかし単に、何の飾りもなく、狭苦しい茶室だから「わびしい茶だ」というのではあるまい。

「わび」とはむずかしい概念だが、これもすでに述べたとおり(一三六ページ)、「さび」同様古い日本語で、失意、落胆の極限、気息をとめた状態が「わび」らしい。

詫びるという仲間ことばもある。体を傷つけて(擬死をして)詫びる例が多いから、かぎりなく死に近くなければ「わび」にならない。

「を(瘁)ゆ」という古いことばがあり、これは自然に「を」になることで、仮死状態を

「をえ」たといった。「わび」の「わ」はこの「を」と同類だろう。

「さぶ」は徹底的な自己純化だったが、その自己すら抹消化することを「わぶ」といったのではないか。

そう考えると、さびもわびも唐ふうを排した古代精神の復活といえる。

その「わび」を精神とする茶を、利休は欲したのだろう。

茶室の構造にもいろいろと仕組まれている。

まず茶室の窓は北向きをよしとする。東、南、西向きはそれぞれ太陽によって光が変化するからいけない。ところが北の光は変化しないからよい。光さえ、息を殺さなければならないのである。

また躙口《にじりぐち》。これほど入るに狭く、出るにもっと難儀な出入口はほかにない。

その理由を、武士の解刀を求めたからだというだけでは納得してもらえないだろう。これは、もうこれ以上身を屈《かが》められないほど屈めという、詰屈《きっくつ》への要求ではないか。身をちぢめよ、平身低頭せよ、というのだ。

頭を下げることは躙口に到る以前に中潜り(表千家)でも要求されている。ふつうは中門だが、中潜りは正しくはくり抜かれた塀である。塀の中にやや緩《ゆるや》かな躙口があるのである。

また茶室に入る前にどこにもある手洗水《ちょうず》。これは蹲踞《つくばい》と書かれる。漢字の蹲踞にせよ、日本語の「つくばい」にせよ、これまた、うずくまらなければ手洗ができない。手も口も清浄にするという敬虔な気持ちは、身を屈め、うずくまることにともなうものだ。すべてに慎しみをもつ者にのみ、茶室に入ることがゆるされるのであろう。

ところが室に躙り入ってみても、まだ引き算の要求はつきない。時として湾曲した中壁がある。これは客に角《かど》を取れと要求してくるし、天井も時として落天井を仰ぐことになる(待庵など)。

すべからく、肩の力を抜き、へりくだるべし、というばかりに天井も片方へなだれている。ちなみに中村昌生によると十七世紀の書物には、京都の利休屋敷を通りすぎた時の印象が記されているらしい。それによると利休屋敷は「しほらしき」たたずまいだった、という。

この、「わび茶」と無縁ではない住宅の「しほらし」さとは、どんな内容だったのか。丹波の民家では人間の額に触れるくらいにまで庇《ひさし》が葺き降ろされている。この、「いかにもしおらしい民家のたたずまいを、草庵茶室は取り入れている」という。

中村はまた、庇の「屋根をいくつかに分けることによって、低く、しおらしく、軽やかな外観を形成することができる」というから、利休屋敷も同様な屋根をもっていたのだろう。

こんな「しおらしさ」も含めた「わび茶」は、端正といえるまでに沈潜した精神性を重視する茶だったと思われる。

『南方録』でも「侘ノ本意ハ、清浄無垢《むく》ノ仏世界」だという。これを戦国期の大名茶にくらべると、雲泥《うんでい》の差があろう。「わび茶」の静謐《せいひつ》な沈潜は、日本の八世紀にまでも溯る古代からの伝統の深化がもたらしたものであったし、「わび茶」の茶室は、それらと交響する小世界の実現を目ざしたものであった。

茶室を支える思想

じつは茶室は、本来書院造りの建物の中で、数寄座敷《すきざしき》などとよばれる一室だった。数寄心の熱さが独立家屋を生んだのである。

そこでこの書院における喫茶空間の独立という流れは、茶室の背景としてきわめて重い意味をもつ。

そもそも書院造りとは、武家の住宅に発する、室町時代から江戸時代にかけての住宅様式をいうのだが、主たる部屋が書院だったことに起因するよび名である。では書院とは何かというと本来書斎のこと、やがて居間であり書斎である部屋をさした。

つまり書院という、知を育てる部屋を中心とする建物から、喫茶の間が独立したのである。

喫茶が養った「さび」も「わび」も、この精神性は書院の知性と、深く結びつきつつ、それから情念化したものだった。

じつはすでにあげた北窓も、その正体のひとつだ。中国から日本へかけて、北窓の文化コンテクストといえるほどの歴史をもつ、沈思の場が北窓であった（中西「アジア文化と日本文学」）。

茶室のもつ北窓からこの沈思のコンセプトを外すわけにはいかない。

また、茶室には露地《ろじ》が付随する。要するに庭なのだが、それを露地と称する重要な理由がある。

露地とは『法華経』（譬喩品《ひゆぼん》、鳩摩羅什《くまらじゅう》訳）のことばで虚空のことだが、火宅の子を「露地」に見物に出して火厄をまのかれさせたという譬え話にその語が見える。虚空とは束縛のない自由な世界をいうのだろう。

草庵を虚空の中に建設することは、茶の湯の俗世からの自由の宣言であった。

茶室のまわりには石に麻縄を結んだ結界石をおくことがある。これも茶室を聖域と扱うひとつだ。聖域の中では心には苦難もなく、身も世俗の社会から解放されて、虚空のごとき広大な空間にいるという約束を示すものが結界石であろう。

この大きな虚空の中に浮かぶ一点のように、「わび」「さび」を極めた茶室がある。

茶室のこのような思想性は、ふつう禅茶一味といわれ、利休にしても遺偈《ゆいげ》を残して死ぬのだが、しかしその時に、茶室が何かの知の象徴として存在するのではないことが、重要である。

万象を純化し、擬死をおのれに課し、身を屈め、身にうける物のすべての重量を積み重ねる茶。しかし茶はこの全宇宙を体内に情感として湛えさせる。その情的な受容が、いわゆる茶のふるまいとなるのではないか。

すべてを捨てよと教える茶室の構造は、受容した情感を小ざかしい動作にかえることを、許さない。ひたすら人間の、豊かな情感として所有せよと、鋭く迫るのである。

四

扇子に魅せられた日本人

日本を軸として環流した扇の文化史

扇子は、東南アジアから日本にやって来、中国や朝鮮半島で加工を加えながら、日本に還って日本で完成したものらしい。

ただ、文献に登場する「おうぎ」は七世紀、中国渡来の画中のものである。

とこしへに夏冬行けや裘《かわごろも》扇《おうぎ》放たぬ山に住む人　（『万葉集』巻九）

「つねに夏と冬とがくり返すのだろうか。山に住む仙人《せんにん》は皮の衣を着て扇をもっている」という歌である。われわれも、山にいる天狗《てんぐ》が皮を着て扇を手にする絵をよく見かける。同じ絵を万葉歌人も見たのである。

当時は中国の神仙への憧れが日本にも流れ込んでいたから、仙人の絵も、いくつか輸入されていただろう。

ところが、仙人がもつ扇は絵どころか実物も輸入されていたらしい。そのころ、中国大陸の沿海からいまの北朝鮮にかけて、渤海《ぼっかい》という国があった。この国は貿易に熱心で、船足しげく来日しては物資の交換を求めたが、その中に、何と日本からの輸出物として「檳榔扇《びんろうおうぎ》」(檳榔樹の葉で作った扇)が見える。

檳榔樹はインドネシアやマレー地方の原産。その扇がはるばると太平洋を北上し、おそらく現在の台湾、沖縄を経由して日本に入ってきたものだろう。さらに北方の渤海人が欲しがったのは、いうまでもない。

ちなみに、日本人の欲しがった物が、渤海人の持ってくる毛皮だった。仙人はこの両方を着用していたのだから、さすが神仙の人である。

さて檳榔樹はヤシ科。なるほどヤシの葉はそのまま扇になる。扇の起源は日本でも中国でもなく、洋上はるか南の熱帯地方だったのである。

しかし檳榔扇が日本に輸入されると、早速和風の扇が誕生した。桧(ヒノキ)の木片を重ねて一端を留めると、木片を重ねながら広げること(これをむつかしくは摺畳《しょうじょう》という)ができ、ヤシの葉状になる。さらに三六〇度展開させると中央まで柄がのびた円扇《うちわ》になる。そんな工夫が、すでに奈良時代にあったらしく、扇子が平城宮の跡から出土している。

これがのちの平安時代、宮中で大流行した桧扇《ひおうぎ》の出発である。ただ、この、重ねた一片一片を扇状に連ねる発想は、木片の前に羽にあるのではないかと、わたしには思える。烏の羽は五七〇年に来日した高句麗《こうくり》(いまの北朝鮮あたりにあった国)の使者が、烏《からす》の羽に書いた国書をもってきたという。これは連ねて利用されていたのではないか。

それを扇にも応用すると、優雅な、それこそ羽の本来の役割である風を起こす機能をはたしただろう。仙人がもっていた扇は、むしろ羽扇の方がふさわしい。

羽扇を応用した大衆版が桧扇だったのではないか。

大衆版といえば紙の普及につれて桧扇が紙扇になると、さらに手軽に作れたことだろう。いくらでもある竹を軸に、先を葉状に裂き広げてそこに紙を張れば、りっぱに檳榔扇の代用品ができる。

ところでこの紙張の扇が桧扇と決定的に違う点は、桧扇が一面に重なりつつも平面を広げるのに対して、紙扇が屈折しながら凹凸をくり返すところだろう。この違いは大きい。

これまた、日本画のキャンバスとしても特異な発達をとげた屏風とひとしく、大げさにいうと三次元化、脱平面をとげるのだから、まったく別種の書画のステージを提供したことになる。画面への微妙な第三次元の参入である。

のみならず、広げた形は異様。これを蝙蝠《こうもり》に日本人は見立てた。

じつは動物名の「こうもり」が扇の片面に紙を張った「かたはり」に由来するという説がある。

が、もしそうならこの小動物は扇ができる以前には何とよばれていたのだろう。また両面張りの扇は、蝙蝠の形とは違うのだろうか。

どうも順序が逆のように思う。わたしは扇を広げた形が蝙蝠に似ているから、扇をそう称したのだろうと推測する。

さてこの片張り扇が中国に輸出されると、両面張りの扇となって逆輸入されたという。東シナ海を往復することで、一段と質が向上したのである。

さらに一方、朝鮮半島に輸出された団扇《うちわ》は、従来竹の割り先を丸く広げ紙を張った物（いまでも安物として作られている形）であったが、別の柄で両面を挿《さしはさ》む姿になって戻って来たとされる。今日も上等な団扇はこの形である。

扇子（団扇をふくめて）は以上のような変遷をたどったらしい。このことを地図の上に思い浮かべてみると、東アジア全域にわたって、文物が発展の跡をくっきりととどめながら往来している姿がわかる。

しかも扇文化がまず南方から洋上を渡ってきたことも、以後の文化が中国、朝鮮半島との相互作用の中から授受されたことも、日本をとり巻く文化交流の常道と一致する。

しかも日本が自然物そのままの輸入品を人工的な小道具にかえ、海外の補強を経て里帰りすると精緻な芸術品に仕立て上げていったことも、情緒的な日本文化の、みごとな変容であった。

格式を託した小さな持ち物

その後日本人は、この小さな持ち物に驚くほど、いろいろな役割を託した。本来は熱帯に生まれた風を送る道具だったのに。

似た形の物に翳《さしば》といって偉い人にさしかける団扇ふうな長日傘があるから、その役目が重なったとしても、扇《あお》ぐか隠すしか役割がなかった扇子に、背負い切れないくらいの特別な意味を持たせてしまったのだから、この精神性は只物ではない。

この、付託した役目とは何か。

例の桧扇はどんどん装飾性を高めて、豪華な彩色が施されたり、花鳥や風景が描かれたり、長い総《ふさ》を垂らしたり、要《かなめ》に小細工をかぶせたりして、高貴な宮廷人のステイタスシンボルにした。

冬扇となってからは、本来の役目すら失わせたのである。

一方、のちに発達した紙張り扇子、かわほりとよばれるものは反対に夏扇とされ、のちに、庶民の日常の持ち物となった。

有名な話が『枕草子』(一〇六段)にあって、見たこともない上等な骨が手に入ったので、それに見合う紙を探して中宮定子に献上したいと定子の弟の藤原隆家がいうと、清少納言が「見たことがない骨とはくらげの骨ですか」と茶々を入れたとか。

桧扇が常であってこそ、中宮がもつかわほりは、これほど上等でなければならなかった。扇とかわほりとが身分証明を分担したのだった。

しかし、これではかわほりも立つ瀬がない。そこでかわほりは、団扇とステイタスを争って、優位に立った。われわれの感覚でもちょっと改まった時には扇子をもち、日常生活では団扇を使う。ハレとケとに、役割が分かれたといってもよい。

羽織袴には扇子が似合うが、夕涼みの浴衣には団扇しか使えない。だれが決めたのでもないのに、そんな区別ができた。仕方がない、団扇は先に述べた柄を漆塗りにしたり、扇面を棗《なつめ》型にしたりして優雅さを出そうとする。柄に総をつけるのも、そのひとつである。

またかわほり自体にも、畳んだ姿の微妙な印象の違いを出そうとした。

まず能などに使われる、先が半ば啓《ひら》いた扇子を作った。「中啓《ちゅうけい》」という。婆娑羅《ばさら》タイプの扇子は芸能向きだろう。

反対に、われわれが使う一般的な扇子は逆に先が細く作られている。きちっと整った感じが礼儀正しい印象をあたえる。これはその名もゆかしい「鎮折《しずめお》り」。

第三に先が大仰に啓きもせず鎮めもせず、そのまま自然にぼーっと開いている扇子は「雪洞《ぼんぼり》」だとか。

日本人は、扇の種類や形にこんな心象を託しながら、さらに、さまざまな機能をもたせた。

日本人は手渡しを嫌う。「手盆」ということばがあるくらいで、本来盆で受け渡しするはずのところ盆がないと「手盆で失礼します」というほどだ。ところが一方、突然何かを受け取ることになった時、さっと懐から扇子を出して載せて頂く人を見かけて感動したことがある。さし出す人があらかじめ扇子に物を載せてくれる場合もある。扇子は礼儀正しさを発揮する働きをもつようになった。

かと思うと落語家はじつに巧みに扇子を小道具として、話をリアルにする。箸になったり、きせるになったり。

また武将は鉄扇を作って携帯した。それが大活躍をして川中島の一騎打ちも盛り上がることとなる。

日本人は小さな扇子に大きな大きな意味を持たせたのである。

独特なキャンバスにもなった扇子

扇子がこれほどに愛されてきた理由は、以上のような小用に役立つところにもあったが、さらに大事なことに、日本人は扇子の絵を重視した。扇面画という独特の分野も誕生した。それも絵に先立って扇面の枠《フレーム》の、弧に美しさを発見したからだろう。

以前四国の丸亀城へ行った時、その石積みの角の曲線を見て美しさに息をのんだ。ところがのちに説明書を見ると、それが扇の曲線にもとづくのだとあった。

扇面画は扇状の弧の美しさにひかれて発達したのである。ただ、扇とは円形の一部だから、弧は半径によって決まる。扇の美しさは骨のほどよい長さが大事になる。丸亀城の場合はどれほどの半径をもつ弧の一部なのだろう。

しかもこの場合は空中に要をおくことになるから、空中に抛り出された扇が、弧の姿だけを見せる城の曲線が美しいのである。

そう思うと、桧扇のように全面が平面であるより、同心円で平面を区切ったかわほりの方が美しい。二つの弧によって区画された、一画の平面の美しさ。それが扇面の美しさなのだ。

だから、どれほどの幅にするかによって画面は重くもなり軽くもなる。

しかしその幅はどうも一定していないらしい。「扇面法華経」(四天王寺)はかなり広いので重いが、経典なのだから文字の書き方によって、それなりに計算されたものだろう。尻すぼみに小さくなる文字も放射の美の一翼を担っている。

反対に画の場合は、画のためにほどよく計算された基礎があるはずだ。横の長さに、大きな相違はない。

その中で扇面を十分に使い切る絵の手法には一定のルールと、大胆な試みがほどこされているように見える。

どのようなルールか。波にせよ伸びていく枝先にせよ、扇面を横に流れる形が目立つ。極端にいえば、聳えたつ物の描写は不利益なのだから、広がるもの、溢れるものによって扇面は生きてくる。

何しろ扇面画は、扇子を広げるにしたがって現われる特性をもつ。この構造自体が動画仕立てなのだ。

しかも折り目折り目の凹凸は、波のように画面に抑揚をつける。魚を描けば魚は泳ぐだろう。連山を描けば、山並みは重畳としてつづくだろう。

また扇は飾り物でない限り、ぱたぱたとあおがれる。絵はその度に動画を見せつづける。

隣の人をあおいであげている姿はゆかしい。その時隣の人はちらちらと画を見ながら動画を共有する。

画面に人物がいれば、彼らは動作をしつづけ、物を言いつづけるはずである。凹凸の波があることは屏風画も同じだが、動画をのせるキャンバスは扇子、団扇のほかにはない。

そしてまた、この美しい扇形自体が模様として採用されることも、おびただしい。その時には、どれほどに扇子を開くかによって、扇子の姿はさまざまである。全開、八分開き、三分開き、そして全閉。さらに複数の扇子を組み合わせることによっても、デザインは多様になる。

日本人はまるで、扇子が風を送る道具であることはそっち退けにして、ひたすら扇面画に凝り、姿が示す美しさをデザインしつづけてやまない。のみならず桧扇を無用のはずの冬扇という装飾品に仕立ててあげた。

「わたしの俳諧は夏炉冬扇のようだ」といった俳人・松尾芭蕉もじつはこのような静止した美しい冬扇を知っていたのだとわたしは思っている。

五　合掌に誕生する楽焼

前衛アートから生み出された日本ふう

幼いころ、家でたいそう大事にされている赤楽《あからく》の茶碗があった。

いや、それが赤楽とよばれる楽焼の茶器だということを知ったのは、ずっと後のことだが、とにかくそれは、目を見張るばかりみごとな朱色だった。そして日常使う食器が白くて滑らかで薄いのに対して、いちいち変っている。

ぼこぼこと凹凸があり、部厚くてスマートでない。出来損《そこ》ないにちがいない。

例によって、また骨董好きな父親が買ってきたものだろうと、桐箱を閉じたものだ。

ところが「楽焼」を知るに及んで、これこそが楽焼の、しかも赤楽とよばれるものだと知った。

いうまでもないが、楽焼とは茶の千利休の意を体して長次郎《ちょうじろう》（天正十七年、一五八九没か）が始めた陶器で、以後京焼の作陶の歴史を作る。長次郎の父は「中華の人」（『本阿弥行状記《ほんあみぎょうじょうき》』）とあるから、中国の作陶の流れをくむ物といっていいだろう。

さてそうなると、大変である。

アジア陶器史の中で一大変革がおこったというと大袈裟だが、楽焼は常識的な陶器の作り方ではない。

そもそも、ふつうの陶器のようにろくろを使って丸く美しい形を作るのではない。ろくろは古代ヨーロッパからの歴史をもっていて、廻る物といえばろくろなのだ。もちろん原始的な手作りの器は太古以来ある。楽焼はろくろを否定して原始へ回帰したものだった。

長次郎の陶器は楽焼とよばれる以前、今焼《いまやき》とよばれた。まさに伝統をさえぎるモダンアートだったのである。

今は古風に見えるものが、ほとんど伝統に対して反逆的だったことは、あらゆるところで実感する。そのひとつだ。

その上で、このモダンアートを楽焼とよぶことにも、わたしは大きな衝撃をうける。

そもそも長次郎の窯が秀吉の聚楽第《じゅらくだい》にあったから楽焼といわれたとされるが、当代樂吉左衛門は「伝承もさることながら、『樂』の字は『樂市樂座』『聚樂第』などと当時よく使用されている。『聚樂』まさに楽しみを集める装置、桃山の橋上の新しい演劇空間にこそ『樂』の字はふさわしいのではないか」という（樂吉左衛門『樂焼創成 樂ってなんだろう』）。たとえば秀吉の長浜の楽市が有名なように、従来の形を破った商売の方法がこれだ。

樂という印を二代常慶に与えたのは秀吉だという。これには諸説あるが要するに楽焼とは自由焼とでもいうべき陶器だったのである。

旧来の常識から自由な、乱世という世の綻《ほころ》びから頭をもち上げてくる止みがたい人間性、逞しい精神——そうしたものの形のひとつが楽焼だった。

これでは当然、作陶本家の中国ふうの衣も脱ぎ棄てることになる。皮肉なことに、のちにも述べるように京都の楽焼も名工をえてみごとな陶器を作るようになるが、その端緒は伝統破壊のエネルギーにあり、前衛アートを目指す自由にあった。

それは同時に、本場中国の工芸から独立した、日本ふう陶芸の誕生もうながしたのである。

合掌の「手捏《てづく》ね」にこめる祈り

ろくろを使わないとなると、手先を動かすしかない。まさに純粋なハンドクラフト（手工芸)に、人間はさし戻されることとなる。

一握りの粘土から形を作り上げなくてはならない。おそらく、両手の指先を合わせて、包みこむように、少しずつ立体を立ち上げていくことになるだろう。

いわば両手の掌《てのひら》を合わせた、合掌の中から生れ出る未知なる物を包みこむように、母胎の代りをする両手の中で、楽焼は誕生してきたのである。

合掌から誕生する楽焼。この敬虔な祈りの温もりが、あの楽焼の姿だったとは。

この温もりも幼いころのわたしの追憶と、よく符合している。

そして指先で形を作っていく仕草、これを「手捏ね」と称することを知ったときも、わたしは感動した。

不謹慎だが、「つくね」といえば、わたしはミートボールしか知らなかった。「つくね」た物はおでんの食卓にしか登場しなかったのではないか。鶏肉や魚をミンチにしてこね上げて固めたものだ。

それが楽焼の手法だった。幼いころのわたしを驚かせた凹凸は、この何百回の「つくね」から生み出された造形の美しさであった。

こうなると、ろくろによって端整にととのえた曲線が、かえって薄っぺらな物に見える。

そしてこれまた唐突だが、わたしが素朴に思い出すのは、虎屋の煉羊羹である。あの固い濃密な味は煉りに煉った工程の結果だろう。今はもはや手でつくねることはないのだろうが、あの絶品の煉りこそ「つくね」の産物といえる。

さる戦争中、南方の戦線であらゆる食品がたちまち腐ったのに、虎屋の煉羊羹だけは腐らなかったときいた。

よくわかる話ではないか。

またひとつ。古来の手作業による茶揉《も》みは、湯気の上に葉をひろげて、身をのり出して熱気に堪え、手揉みをしつづけるときいた。

素人のわたしどもでもわかる葉の巻き具合は、決定的に茶の旨みを左右する。そのみごとな茶味も、くり返しくり返し、揉むことに由来するのだろう。日本の味の工程はひとしい。

また、日本の漆の制作にもそれがある。

漆の作家たちは漆を塗っては何度も何度も擦《す》り込む。塗るという作業と擦るという作業は正反対だのに、それをあえて行うのが日本の漆工である。中国のうずたかい堆朱《ついしゅ》と比較すると、歴然とした日中の相違が見える。

これらを並べると「つくねる」こと「ねる」こと「もむ」こと「する」ことが、いずれも丹念な手作業のくり返しであり、そこにこそ日本ふうの特徴があることがわかる。

楽焼の祈りの掌に戻れば、ひたすらな「つくね」の中に生じる無の境地、ただただ無限の果てに見えてくるだろう清浄界の風景、そんなものが楽焼の茶碗を作り上げていったのだということになる。

わたしはそこに、日本的な一途な情調を感じてしまう。敬虔な精神性がやどす情調である。とくに長次郎は黒の世界に、精神を潜《ひそ》ませて捏ねつづけたのではないか。いうまでもなく、黒とはもっとも多数の色の集合である。だから色とよばない習慣もある。そんな集合体に向かって、さまざまな黒の意味を問いつづけたように思う。

いま残されている長次郎の黒茶碗の銘は、他人によって命銘されたものだが、それでも茶碗のもつ本質が命銘をさそったのだから、発想の基は長次郎にある。たとえば「比丘尼」という黒楽（千宗旦の命銘）から、比丘尼とよばれた長次郎の母の面影を消すわけにはいくまい。

手捏ねの間じゅう、長次郎の脳裏に浮沈していた母の面影。しかも面影が表わせるかどうか、その勝負は造形にしかない。どのような表面の屈曲を工夫するか、いかなる全体の安定感がよいか、総体としての訴えに、わたしは長次郎の母恋いを感じてしまう。

いやいや、銘の由来を形の工夫にだけ問うのでよいのだろうか。

おそらく作者が目ざすものは、一部の工夫などの些細な物ではなく、全体として、直覚的に訴えてくるものによって表現されるものではなかったのか。

わたしは銘を手がかりに多様な長次郎の黒の世界を覗いてみたいが、長次郎の黒の世界には喝食《かつじき》(禅宗、食事の役僧。稚子《ちご》)もいる。勾当《こうとう》(摂関家の役人、寺務の役僧、盲人の官位などをいう)も俊寛(鬼界ヶ島への流人)もいる。五月雨も降りこめる。春朝のおとずれもある。むしろ、華麗なばかりの黒の世界だったといってよいだろう。

釉を土色化する表現手段

もとより楽焼の作者は長次郎だけではない。のちに現われた本阿弥光悦(一五五八〜一六三七)は総合的な芸術家だったが、樂の家号を称した常慶の子、三代道入(一五九九〜一六五六)と親しく楽焼を心がけた。

その作、白楽茶碗の「不二山」はほれぼれするような傑作である。長次郎が黒ないし赤一色の土の世界で作品をうみ出したのに対して、光悦は白釉《ゆう》を使い、黒く焼けた地との間にみごとな調和を作り出していった。

形も鋭く、長次郎のような寛容性をもってはいない。光悦はこの、さらに一歩を進めた楽焼の中で、もうひとつの複合世界を構築したといっていいだろう。

その、もうひとつの世界とは、長次郎茶碗がひとつひとつ訴える物を内包しているのに対して、光悦が楽焼を舞台としてひとつの意味や物語を作り出そうとしている点である。

「不二山」にしてもここには描かれた世界がある。この世界は直覚的に、わたしをして江戸時代に無名の画家によって描かれた「武蔵野図屏風」を連想させる。

通常の武蔵野図屏風は一面の芒原《すすき》である。その中に日や月がころがり込んでいる。日月を蔽うばかりの芒原が武蔵野だというのである。

もちろん「不二山」には一本の芒もない。日月もない。わたしの連想は突飛かもしれないが、しかし、このグレーに沈んで広びろと広がる構図は、まさに武蔵野図屏風の情調と通い合う。

長次郎の黒が黒釉一色の世界に華麗な人物や身上を秘めていたのとは正反対に、光悦碗には黒白もあり、陰翳もあり、模様ふうなものもあしらわれているのに、茶碗は寂寥にみちている。

孤高の影もある。

光悦の中であらたに器の地色の中での戦いが始まっているのではないか。

物の姿を描くのなら簡単だろう。デザインを施すなら、それもひとつの方法である。釉のしたたりも自由に操ればいい。

しかし「不二山」は釉までも土の色のごとく扱い、黒焼きや斑点の出現に結果を委ねているばかりである。

すべての物の姿を消却し去って、素材としての土色の中に消化してしまったところに、もうひとつ発達した楽焼の手段が見える。

大げさにいえば釉の土色化といってよいだろうか。

日本には備前焼を代表として信楽焼など土の肌色だけで完成を目指す陶器が多い。

カラフルなヨーロッパふうとも、絵のみごとな中国の磁器とも違う点こそ、日本的な特徴だと思うが、この光悦の「不二山」も土色を重んじるという日本的な感覚の中で、きわだった美の達成をとげたといえるだろう。

原点にもどると、そもそも長次郎は千利休と結託することで、利休の侘茶の精神を生かそうとしたとされる。まずは、侘びが原点であった。

「わび」とは何か、わたしには滅びの情念だと思われる。長次郎も最初は赤楽から始めたといわれるから、赤から黒へと「わび」を進めたのであろう。

しかしそのばあい、悪くすると土台を黒づくめにしておけばよいというだけにもなりかねない。この勘ぐりを避けるためには、黒土をよくこねるとか上手に黒く焼き上げるとかしていればいいかというと、それでは造作を放棄した素材まかせになる。

こうしたプロセスを考えると、最良の手法は、やはり光悦があえて釉をかけながら、それを土色化したことに帰するのではないか。

とくに熱の温度も低い、軟かな楽焼では温りが命だろう。土色とは温かい土の感触だといった方がよい。

到底セラミックでは生まれ出てくることのない、楽焼のこの土の感触の尊重、その中での高い精神性の尊重こそ、日本が心の基点として保有してきた情調だったと思われる。

六　水墨画が描いた無

「なし」の伝統をついだ水墨画

古典には、否定のことばがふたつある。「動かず」とか「行かず」とかの、ズという否定ことばがひとつ。

もうひとつが「話が解らぬ」「知らぬ」というヌという否定ことば。

じつはこのふたつは、ズが動作を否定するのに対して、ヌはナイということばにも発展する、無である状態を表現する。

さてそうなると、「ない」という存在を描こうとした画があってもおかしくない。

たとえば、ゴッホの名画のひとつに椅子の画がある。これはあきらかに人間の不在という状態を描こうとした画である。

また日本でも衣桁《いこう》に着物をかけただけの画がある。誰の命名か「るす絵」というみごとな名がつけられている。人間の「留守」を描こうとしたものだ。

いや「るす絵」よりはるかに古くから、以上のような無をもっぱら追求して完成を急いだ画があった。これが日本の、世にいう水墨画ではないか。

改めていうまでもないが、水墨画とは墨を毛筆にふくませる濃淡だけで描いた画のことだ。自然の山や川、いわゆる山水を主要なテーマとする。わたしは、水墨画とは、「山水の墨画」という意味だと理解する。

起源は、もちろん中国にある。正倉院の御物目録にも山水画の屏風が数多く見えるから、日本人は早くから輸入の山水絵画を知っていただろう。

それでは日本は、この中国の山水の墨画とどのような関係をもったか。

ふつうは十三世紀中国の画僧牧谿《もっけい》(生没年不詳)を水墨画の最初の名手とし、それ以後、日本では中世の雪舟《せっしゅう》(一四二〇～一五〇六)ら傑出した画僧によって水墨画が発展したといわれる。

わたしがもっとも早く水墨画の記事に接した山口諭助『美の日本的完成』にも、水墨画は室町時代の禅的修練や武士道的精神に共鳴するものだったと書かれている。雪舟の「破墨山水」や長谷川等伯《はせがわとうはく》(一五三九～一六一〇)の「鳥図」「松林図」など、代表作の図版も載せられている。

ただ、こうしていち早く少年の頭に入れられた通説に対して、いまはちいさな疑問がある。さかのぼった古代日本、中国文化を迎えて文化的動乱の中にあった時代にはふたつの美の流れがあったように思う。

ひとつは渡来人たちによってもたらされたカラフルな文化色である。建築にしろ衣服にしろ制度自体にせよ、そのような華やぎがもてはやされ、紫を最高とする植物の色どりによって身分が定められた。

ところが他方、白く小さな花を愛でる古代日本人の価値観も見のがせない。今でいえば野草の花の美しさである。

古代人のもった色名もいたって簡単、明るい色(アカ)と暗い色(クロ)、その中間のぼんやり色(アヲ)だけだ。アヲはアワと同じことばだろう。カラフルとはとても言えない。

おそらくこのふたつの流れは日本固有の単色の美意識の上に、華麗な外来の美意識が重なろうとしていた姿であろう。

すると、中世における単色の水墨画の盛行は、むしろ王朝の華やかな絵模様から、本来の単色志向へと日本人をよび戻す試みだったと思える。

十三世紀～十六世紀は、日本がふたたび国造りの原点に戻った時であり、禅宗はこの回帰の促《うなが》しではあったにしても、新しく禅味をおびて単色の水墨画が展開したと見ない方がよいのではないか。

そこで、この文章も、冒頭の話題に戻ることができる。

「ず」ということばで、王朝美を否定したのではなく、本来の無の表現へ戻っただけの話である。

その本来とは、単色の自然を愛する民族性であった。「ぬ」――「なし」という状況を本来のものとして価値をおく日本人の思考だった。

ここで、中世の出発のころ、日本人の思考が否定にあったという論を連想している読者も、多いのではないだろうか。

当時最大の歌人、藤原定家は、

見渡せば花も紅葉もなかりけり浦の苫屋の秋の夕暮　（『新古今集』）

「あたりを見渡しても、花がないことはもちろん、紅葉も見えない。ただ海岸の粗末な小屋しかない秋の夕暮れよ」とよんだ。しかしこれも「なし」(ぬ)という無色の実景をよんだのであり、それらと一連の芸術として、水墨画もあったというまでの話である。

生き物を自然に溶解させる

水墨画の単色《モノクローム》が伝統への本家返りだとしたら、それは具体的にどんな姿をとったのか。この話題の中心は、やはり長谷川等伯だろう。彼に先立って抜群の評価を得ているのは雪舟だが、雪舟の特徴は北画ふうな強靭さにあり、山水図(「天橋立図《あまのはしだてず》」)にしても重畳とした山並みを描く点に力が注がれている。色彩への執着も、ないわけではない。

こうして日本美を軸として論ずるとなると、雪舟にはなまじ中国の現地体験のあることが、禍いしたというべきだろうか。

これに対して等伯には大胆な中国山水画からの離陸がある。よく似ている牧谿の「観音猿鶴図」と等伯の「竹林猿猴図《えんこうず》」「竹鶴図」を見くらべても、牧谿が中心に観音を据え、左右に猿と鶴をおく図柄はオーソドックスなものだ。自然は菩薩の脇侍よろしく扱われるから、この画は自然を描いたものではない。むしろ尊像画にそえられた猿と鶴である。

これに対して等伯はそれぞれ単独に、鶴や猿を描く。「竹鶴図」は鶴が観音に代るべき主役である。主役さながらに鶴は竹林を闊歩する。「竹林猿猴図」にいたっては六曲屏風の一隻を猿の一家に当てており、全隻がひとつの和やかな空間を作っている。

等伯の鶴と猿の描き方は、おどろくほど牧谿の猿と鶴に類似する。あきらかに等伯は牧谿をまねているだろう。とくに猿の頭の描き方、鶴の首のあげ方、足の歩幅の様子は、もう模写といってよい。

しかし等伯の猿は空中に浮かんで、ぶらんこを楽しむごとき姿を見せる。傍にいるのは母子猿。この穏やかな生活を見ながら生活を認識するのが父猿のように見える。つまりここには自然の中の生きる動物の聖家族が再現されている。

鶴の方も広びろと周辺に竹林が広がり、霞んだ彼方まで奥行きを見せているから、ここにも猿一家とひとしい鶴の生活空間がしのばれる。

一方の牧谿図は、それぞれ観音の左右に大きく鶴と猿を描くから、生活のまるごとを描くのではない。いわば観音をふくめた三者が三様に主役を演じている画の集合といってもよい。もしキリスト教の画なら、三面にキリストやマリア、ヨゼフなどを描くトリプティク（三枚折り聖画像）のような構成である。

おまけに朧化された猿に対しては不調和なほどに観音がリアルに描かれているから、まるで観音の山中岩上の修行図とも見える。それなりの思想性もあり、宗教味もある。

こう牧谿と等伯を見くらべると、たしかに動物の描き方は酷似する点もあるが、それは技法であって、全体への配置の仕方がまるで違っている。つまり等伯はひとつの構成された空間の中に動物を置くのだから、技法はそのために用意されたことになる。

とくに猿の毛がまるで刷毛《はけ》のように暈《ぼか》されていて、実際の腕とも影とも見える。このみごとな描写は、全体の空間の中に、生物が溶解していく手前であるかの如くである。

鶴についても牧谿の鶴の尾羽は尾羽にすぎないが、等伯の尾羽は、まわりの竹林の葉とひとしい。竹葉が尾羽になったのか、尾羽が舞い上がって竹葉と化したのか。以前、わたしは伊藤若冲について鶏のとさかが鶏頭の肉塊とひとしいことを述べたが(中西『これから』)、ここでも鶴は尾羽をもって竹林の一部となった。

右へ歩みを進める鶴は右の遠方にある竹群を目ざして歩き出している。鶴は枯勁な竹にやがて変身するのだろうか。

矢代幸雄はその著『水墨画』一冊をあげて、水墨画の日本化を説いたが、その要点のひとつに「ぼかし」「にじみ」がある。

これらは技法上からいえば「ぼかし」や「にじみ」の技法になるが、根源の水分の要求は、それこそ湿潤な日本の風土に根ざしたものであろう。

ところが、この多量の水分は、生物の自然の中への溶解のために必要とされるものだったとわたしには思える。

水墨画の日本化は、こうした豊潤さによって生きとし生ける物のいのちを、自然に溶解させたところに顕著だったと、いうべきではないか。

退去していった山水の形

しかし等伯といえば、やはり「松林図」であろう。先にあげた『美の日本的完成』にもあげられていた図のひとつだった。

あまりにも有名な屏風図。六曲一双の十二面に十七本ほどの松が描かれている。

ただこの画は襖絵の下絵だっただろうといわれている。だから完成されたものとして論じても意味がない、ということになる。

しかしかりに下絵だとしても、逆にそれでは完成図が、まったく別物になるという保証はない。

むしろ現在の図柄で、何か決定的に不足があるのだろうか。世の中には瓜二つでまったく違わない大下絵はいくらでも存在する。

そこで、この画は等伯の制作上のいつかの時点での意図を示すものとしてよいだろう。図上の四ブロックの松の群立ちはそれぞれに濃淡を施されていて、影と形、陰と陽、幽と明を合体させせられている。物が形として必ず持つ両面を通して、物体を丸ごと描こうとしたことがわかる。

松葉は先ほど述べた猿の毛のように刷毛の勢いを借りて鋭い針先が再現され、それらはおおむね、上方へと刷けられている。

強い志向性がある。高きを目ざして伸びてやまない物のいのちが窺われる。

古来、松は松籟《しょうらい》をもって愛されてきた。松竹梅という取り合わせは、竹の直なる姿、梅の芳わしい香りに並んで松の梢の風音のよいことが愛されたものであった。視覚と嗅覚《きゅう》と聴覚。その代表の組み合わせが松竹梅である。

だから中国の絵画でも松は響きをもって描かれてきた。

等伯の画もそれに背《そむ》くはずがない。彼がこの画で松風の響きを描こうとしたことは、疑いがない。その上での工夫といえば響きわたる適切な空間が必要だっただけであろう。

等伯が空白を松で埋めつくすことなど、ありえない。この空白は空白ではなく、松風の交響空間だったからである。

そう思いあたれば、理解はしやすい。等伯が松を描くことは音響を描くことに他ならない。どのような松の疎林が幽玄な交響空間として適切なのか、彼はそれを計測しただけである。

そしてまた、いきつく先は、音を音たらしめる媒体にすぎないものが松なのだから、音という主役さえ描けば、もう媒体は不要になる。

後世、等伯を襲うごときであった俳聖松尾芭蕉。彼のことばでいえば、作者から読者へ伝達されるべきものは、におい、うつり、ひびきであった。

これらは純粋には不可視の空白空間を伝わっていくものだから、むしろ物は夾雑物《きょうざつ》である。等伯に到達点のひとつを見る水墨画の世界とは、この空白をいかに充実させるかにかかっていたというべきだろう。水墨によってたっぷりと朧化させられた山水は、音響を残して退去していくしかなかったのである。

参考・引用文献一覧

◎はじめに
中西進「人情ドラマのアーカイブス」『日本人の祈り　こころの風景』冨山房インターナショナル　二〇一一
中西進「世俗の人情」『日本人の愛の歴史』角川書店　一九七八
中西進「『万葉集』の感傷力」『うたう天皇』白水社　二〇一一

◎第一章　自然
中西進『亀が鳴く国　日本の風土と詩歌《うた》』角川学芸出版　二〇一〇
中西進『日本の文化構造』岩波書店　二〇一〇
中西進『日本人の忘れもの　2』ウェッジ　二〇〇三
中西進『これから　日本人が歩いていく道』四季社　二〇〇六
ガストン・バシュラール　小浜俊郎・桜木泰行訳『水と夢──物質の想像力についての試論』国文社　一九六九
ガストン・バシュラール　宇佐見英治訳『空と夢──運動の想像力にかんする試論』法政大学出版局　一九六八
加藤真『日本の渚』岩波新書　一九九九

太田静六『寝殿造の研究』吉川弘文館 一九八七
大津直子『源氏物語の淵源』おうふう 二〇一三
中西進『花のかたち』角川書店 一九九五
中西進「名作のひととき」二『ひととき』二〇〇七年一一月号
中西進「自然を索引する俳句」『俳句』二〇一二年三月号

◎第二章 生活

和風建築社企画・編集『格子の表構え—和をきわだたせる意匠』学芸出版社 一九九六
長崎盛輝『かさねの色目—平安の美裳』京都書院 一九八八
中西進「聖母が結んだ帯紐」『日本人の祈り こころの風景』冨山房インターナショナル 二〇一一
額田巌『ひも』法政大学出版局 一九八六
千鹿野茂監修・高澤等著『家紋の事典』東京堂出版 二〇〇八
『世界大百科事典』平凡社 一九八八 当該項目解説・今尾哲也
本田總一郎監修『日本家紋大図鑑』梧桐書院 二〇〇二
『日本の家紋七〇〇〇』(別冊歴史読本三六) 新人物往来社 二〇〇九
藤田勝也・古賀秀策編『日本建築史』昭和堂 一九九九

◎第三章 思想

松尾充晶「考古学からみた出雲大社とその歴史環境」椙山林継・岡田荘司・牟禮仁・錦田剛志・松尾充晶

共著『古代出雲大社の祭儀と神殿』所収　学生社　二〇〇五
大林組プロジェクトチーム編著『古代出雲大社の復元』學生社　一九八九
井上政次『大和古寺』角川文庫　一九六七
中西進『「謎に迫る」古代史講座』ＰＨＰ研究所　二〇〇二
浜島正士・坂本功監修「五重塔のはなし」編集委員会編著『五重塔のはなし』建築資料研究社　二〇一〇
中西進『雪月花』小沢書店　一九八〇
藤井正雄『祖先祭祀の儀礼構造と民俗』弘文堂　一九九三
中西進『日本人の忘れもの　1』ウェッジ　二〇〇一
中西進『国家を築いたしなやかな日本知』ウェッジ　二〇〇六
中西進『こころの日本文化史』岩波書店　二〇一一
五来重「遊部考」『仏教文学研究』一　法蔵館　一九六三
林屋辰三郎「時衆と阿弥文化」時衆の美術と文芸展実行委員会編『時衆の美術と文芸』所収　東京美術　一九九五
砂川博『平家物語の形成と琵琶法師』おうふう　二〇〇一
吉川英史『日本音楽の歴史』創元社　一九六五

◎第四章　藝術

中西進『古代日本人・心の宇宙』日本放送協会　二〇〇一
中西進『こころの日本文化史』岩波書店　二〇一一

文・中村良夫、写真・日弁《ひび》貞夫『さがしてみよう日本のかたち　七　庭園』山と溪谷社　二〇〇四
中村昌生『古典に学ぶ茶室の設計』エクスナレッジ　一九九九
中西進「アジア文化と日本文学」『中西進著作集』第十巻　四季社二〇〇九
樂吉左衞門『樂焼創成　樂ってなんだろう』淡交社　二〇〇一
山口諭助『美の日本的完成』宝雲舎　一九四二
中西進『これから　日本人が歩いていく道』四季社　二〇〇六
矢代幸雄『水墨画』岩波新書　一九六九

あとがき

わたしはこれまでに
『国家を築いたしなやかな日本知』（ウェッジ　二〇〇六年）
『日本人意志の力』（ウェッジ　二〇〇九年）
の二冊を上梓している。本書の冒頭の「はじめに」でも言及したように人間の心の働きを知と情と意だとする、久しく世界的に信じられている基本線を引いて、その上で日本人の心を理解しようとした結果である。

すると当然、もうひとつの情についての書物も必要となるだろう。そうした意図のもとに著すのが本書である。著者としては漸く全体を考えおえた満足感がある。

じつはこれら三著は、いずれも月刊誌「ウェッジ」に連載したものであった。本書は二〇一一年一月〜二〇一二年十二月の間にあたるが、これを当初の「日本知」執筆から数えると、九年一か月を費したことになる。

ところで日本人の中に知情意が均等に見られるわけではない。すでに「はじめに」で述べたとおり、三者のアクセントは時代によって異り、そこにおのずから歴史の相が刻まれている。

そのことを軸として知情意を歴史的に眺めた著述も右の間に「ウェッジ」に連載した。それが、

『こころの日本文化史』（岩波書店　二〇一一年）

である。歴史的概観として三著の総論の体をなすので、併せて読んでいただけるとありがたい。

ちなみに述べると、わたしがなぜ心の動きに関心をもったか、じつは理由がある。わたしは右の四作を連載する前、「ウェッジ」誌に「日本人の忘れもの」と題する連載を一九九九年から行った。幸い文庫となり、今でも多くの人が読んで下さるのだが、さてこの執筆の間、どうしてこのような忘れものをしたのだろう、いつ、どのように日本人は心変りしたのだろうと思いつづけてきた。日本人はどんな心の持主であり、どのように持ち方を代えたのか、それを究めたくて連載しはじめたのが知情意の著述だったのである。合せて十三年間近くわたしは日本人の心とつき合ってきたことになる。

そのころ、わたしは自分の仕事の一つとして「エトスの研究」という看板をかかげていたから、看板に偽りがなかったことだけは、たしかなのだが。

この書物にはサブタイトルとして「テンダージャパン」(Tender Japan)を掲げた。この意図も語っておこう。

じつは連載の折のタイトルは「情感の日本」というものであった。いま単行本のタイトルが「情に生きる日本人」であることを考えると、わたしが意図するところをホーカスすることばを探しなずんでいることが、見え見えだろう。そのとおりなのだ。

要はたっぷりと情感にみちた日本人の挙措、厚い思いやりの心、あるいは海外から指摘されたように敗北を抱きしめる意志、あられもない行動を野卑として嫌う感情、そんなものに包まれた日本人像を表現したいのだがいいことばがない。

そこで情というやや硬い単語をそのまま用いながら今日的な側面を併せて示したいと思うところから、半ば日本語にもなっているテンダーを加えた次第である。

この過程でうれしかったことがある。作家の夏樹静子さんは大学で英文学を専攻され、翻訳にも堪能な方だが、以上のような日本人像を英語で何といえばいいのか、もどかしくあれこれ言った揚句「結局テンダーしかない……」といいかけたらとっさに「そうそうそうです。

テンダーですよね」と仰った。

このお墨付きを頂いたので、安心してサブタイトルに掲げた次第である。

「ウェッジ」連載の間は、編集長の安斉辰哉さん、大江紀洋さんにおせわになり、あい変わらず奈良ゆみ子さんに面倒をおかけし通しだが、書物出版については河﨑貴一さんが入念な編集ぶりを見せてくれた。

書籍部長の吉村伸一さんほかみなさんに、心から御礼申し上げたい。

京洛に春を待ちつつ

中西　進

本書は、小社発行の月刊誌「ウェッジ」に連載された「情感の日本　Tender Japan」全二十四回(二〇一一年一月号〜二〇一二年十二月号)に加筆・補正を施して纏めたものです。

著者紹介

中西 進　なかにし・すすむ

国文学者、文学博士。文化功労者。高志の国文学館長。日本文化、精神史の研究・評論活動で知られる。日本学士院賞、菊池寛賞、大佛次郎賞、読売文学賞、和辻哲郎文化賞ほか受賞。

著書に『日本人の忘れもの』全3巻、『中西進と歩く万葉の大和路』、『万葉を旅する』、『国家を築いたしなやかな日本知』、『日本人　意志の力』、『中西進と読む「東海道中膝栗毛」』(以上ウェッジ)、『うたう天皇』(白水社)、『日本人の祈り　こころの風景』(冨山房インターナショナル)、『こころの日本文化史』(岩波書店)、『日本人の愛したことば』(東京書籍)、『中西進著作集』全36巻(四季社)ほか多数。

情に生きる日本人　Tender Japan

2013年4月30日　第1刷発行

著者――――中西 進
発行者――――布施知章
発行所――――株式会社ウェッジ
〒101-0052　東京都千代田区神田小川町1-3-1
NBF小川町ビルディング3階
電話：03-5280-0528　FAX：03-5217-2661
http://www.wedge.co.jp/　振替00160-2-410636
装丁――――松村美由起
DTP組版――――ミューズグラフィック
印刷・製本所――――光村印刷株式会社

ISBN：978-4-86310-109-8 C0095
定価はカバーに表示してあります。乱丁本・落丁本は小社にてお取り替えします。

中西 進の本

◎

国家を築いたしなやかな日本知

中西 進・知情意をめぐる日本精神史　その1

海外の文化を取り入れ、和化し、吸収して自国の文化を発展させてきた日本。
しなやかな「日本知」で、和の国家を築いた創意の賢者たちの足跡をたどる。
定価(1600円＋税)

日本人　意志の力　改訂版

中西 進・知情意をめぐる日本精神史　その2

古来、「情」と「知」の文化を培ってきた日本――。
新たに現代をむかえるために必要な「意志」とは何か？
信念、理想、そして愛に生きた24の魂から学ぶ「意」の力。
定価(1400円＋税)

日本人の忘れもの

文庫版　全3巻

心の豊かさを保つために忘れずにいたい、伝統的な暮らしと言葉。
すべての日本人に贈るロングセラー・シリーズ。
各定価(667円＋税)

中西 進と読む「東海道中膝栗毛」

無類に楽しい弥次・北、珍道中―。
月刊誌「ひととき」で74回続いた連載、待望の書籍化。
定価(1600円＋税)

中西 進と歩く万葉の大和路

日本人の心の原郷・奈良を、万葉の和歌で彩りながら案内する。
定価(1200円＋税)

万葉を旅する

万葉集の名歌を読み解きながら、
全国各地の名所を案内する、古代と響き交わす心の旅。
定価(1400円＋税)